Wolfgang Hartmann
Das Orff-Schulwerk verstehen

Orff – Forschung und Diskurse

herausgegeben von Anna Maria Kalcher

Band 3

Das Orff-Schulwerk verstehen

Grundlagen und Folgerungen

von

Wolfgang Hartmann

zeitpunkt musik
Reichert Verlag 2024

Coverabbildung: © Sofía López-Ibor

Bibliografische Information der Deutschen Nationalbibliothek
Die Deutsche Bibliothek verzeichnet diese Publikation in der Deutschen Nationalbibliografie; detaillierte bibliografische Daten sind im Internet über http://dnb.dnb.de abrufbar.

Gedruckt auf säurefreiem Papier
(alterungsbeständig – pH 7, neutral)

Die vorliegende Ausgabe erschien erstmals
als englischsprachige Ausgabe 2021 bei Pentatonic Press in San Francisco.

Dr. Ludwig Reichert Verlag Wiesbaden
www.reichert-verlag.de
ISBN: 978-3-7520-0818-0 (Print)
eISBN: 978-3-7520-0307-9 (E-Book)
https://doi.org/10.29091/9783752003079

Inhalt

Vorwort

Das Orff-Schulwerk gehört weltweit zu den wichtigsten musikpädagogischen Lehrwerken. Seit seinen Anfängen vor nahezu hundert Jahren und seiner ersten Anwendungsphase im Grundschulbereich im Jahre 1948 hat es nichts verloren von seiner ursprünglichen Faszination. Ganz im Gegenteil: Es ist heute lebendiger als je zuvor. Man findet seine Anwendung auf allen möglichen pädagogischen Ebenen, vom Kindergarten über die Grundschule bis zum Gymnasialbereich, von der Arbeit mit Senioren bis zur Sonderpädagogik. Und das auf der ganzen Welt.

Leider hat diese Popularität auch eine Kehrseite: An zu vielen Orten hat diese große Verbreitung zu einer gewissen Oberflächlichkeit geführt. Der pädagogische Grundgedanke ist vielen „Orff-Praktikern" zu wenig bekannt und Orffs Anliegen findet sich gelegentlich ins Gegenteil verkehrt. Anders gesagt: Wenn Kinder Xylophon spielen heißt das noch lange nicht, dass dieses Spiel von dem kreativen Geist inspiriert ist, der eines der Grundmerkmale des Orff-Schulwerks sein sollte.

Dieses Buch bietet Informationen, die Einblick geben in das musikpädagogische Werk von Carl Orff und Gunild Keetman. Dazu beschreibt es seinen Entstehungsprozess und die daraus folgende Entwicklung, ebenso die Ziele, die die beiden Autoren damit anstrebten. Es versucht aufzuzeigen, wie Carl Orff in seiner Kindheit seine eigene Kreativität entwickeln konnte und wie diese persönliche Erfahrung ihn vermutlich darin bestärkte, dass Kinder ihre eigene Musik gestalten können.

Das Buch befasst sich mit den Schwierigkeiten für einen schaffenden Künstler, eine politisch unheilvolle Zeit zu durchleben und es gibt Raum, die professionelle Karriere von Gunild Keetman zu beschreiben, Orffs Mitarbeiterin, die nur allzuoft vergessen oder zumindest unterschätzt wird in ihrem Beitrag zum Orff-Schulwerk. Es zeigt, dass das Schulwerk dem gleichen philosophischen und künstlerischen Geist entstammt wie Orffs Opern und seine berühmte *Carmina Burana* und daher auch als gleichwertig im Rahmen seines Gesamtwerkes anzusehen ist.

Die Intentionen des Schulwerks in die Praxis umzusetzen verlangt allerdings gewisse Fähigkeiten von seiten des Lehrers. Er muss bereit sein, einen Freiraum für mögliche kreative Beiträge seitens der Schüler zu erlauben – eine Grundvoraussetzung, um eine Unterrichtseinheit „im Sinne des Orff-Schulwerks" gelten zu lassen.

Schließlich befasst sich das Buch auch mit der Beziehung zwischen dem Orff-Schulwerk und der Instrumentalerziehung, eine Thematik, die nicht frei ist von konfliktiven Aspekten. Wenn jedoch die problematischen Gesichtspunkte erkannt und respektvoll behandelt werden, kann das Schulwerk auch für den Instrumentalunterricht eine Bereicherung bedeuten.

Es gilt festzuhalten, dass das Orff-Schulwerk weder eine einfache Lehrtechnik ist noch eine fest vorgeschriebene Folge von methodischen Schritten. Um es sinnvoll in die Praxis umzusetzen verlangt es Kenntnis und tiefes Verständnis seiner künstlerischen und pädagogischen Wurzeln.

Kapitel I

Ein bescheidener Anfang mit einem weitreichenden Echo

Am 15. September 1948 ging bei ‚Radio München' (dem heutigen Bayerischen Rundfunk) ein neues Programm auf Sendung. Es war ein Projekt im Bereich des neu eingerichteten Schulfunks über Musikerziehung für Kinder in der Grundschule. Die Sendereihe, die anfänglich mit 14 Einzelsendungen geplant war, trug den Titel „Das Orff-Schulwerk". Carl Orff hatte zu diesem Zeitpunkt als Komponist bereits internationale Anerkennung erlangt, aber niemand konnte das voraussehen, was diesem bescheidenen und begrenzten Anfang folgte. Wer konnte schließlich erwarten, dass ein einfaches Radioprogramm für bayrische Grundschulkinder hinausstrahlen würde in die ganze Welt?

Zweifel waren auch wohlbegründet. Deutschland hatte zu der Zeit wirklich schwerwiegendere Probleme. Drei Jahre nach Kriegsende lagen viele Städte noch immer in Schutt und Asche, Trümmerberge prägten das Stadtbild. Das Land war besetzt und unter den vier Siegermächten in unabhängige Verwaltungszonen zerteilt. Die Wahrnehmung und Untersuchung der Verbrechen der Nazi-Zeit in ihrem vollen Umfang stand noch am Anfang. Dazu kam noch ein in diesem Zusammenhang nicht unwichtiges Detail: Nur wenigen bayrischen Schulen stand in den Klassenzimmern ein Radio zur Verfügung. Wie konnte da diese neue Sendereihe Gehör finden?

Zu diesen allgemeinen widrigen Umständen kam auch noch, dass die Pädagogik-Szene dem Projekt zögerlich gegenüberstand. Walter Panofsky, der die entscheidenden Impulse für dieses neue Programm gab, berichtete von einer Konferenz für Schul-Direktoren, die im Sommer 1948 in Nürnberg stattfand. Vertreter der Rundfunkanstalt stellten dort unter dem Titel „Erziehung durch Radio" die ersten Aufnahmen dieser neuen Serie vor. Panofsky folgend war die Reaktion nicht ermutigend. Ein Teilnehmer meinte, es gebe „eine ganze Reihe von Kompositionen des jungen Mozart, die vorzüglich geeignet seien, das Kind an die Musik heranzuführen". Es wurde auch vorgebracht, dass es besser sei, Radioprogramme mit klassischer Musik zu produzieren, die doch genau dem höchsten Ziel dienen würden, nämlich „in den jugendlichen Hörern rechtzeitig das Verständnis für die Musik der großen Meister zu wecken" (Panofsky, 1962, S. 71). Bestand da wirklich die Notwendigkeit etwas neues anzubieten? So zeigte sich jedenfalls die mehrheitliche Meinung.

Abb. 1: Eine Aufnahme im Funkstudio 1948 mit Gunild Keetman und Kindern.

Glücklicherweise spiegelten diese Reaktionen der Schuldirektoren-Konferenz nicht das Echo wider, das die ersten Sendungen seitens der Lehrer fanden. Da gab es vielmehr eine beträchtliche Anzahl von bayrischen Lehrern, die dieses Programm begeistert begrüßten. Hinzu kam ein starker Impuls aus dem Ausland: Musikpädagogen aus verschiedenen Teilen der Welt – wahrscheinlich angezogen durch den Namen des *Carmina Burana*-Komponisten Carl Orff – zeigten innerhalb kurzer Zeit Interesse an diesem Programm. Sehr schnell entdeckten sie, dass hier etwas vollkommen Neues angeboten wurde. Hier wurden Kinder eingeladen und angeregt, zusammen mit ihren Klassenkameraden eine eigene Musik zu gestalten, mit Instrumenten, die man sofort spielen konnte ohne zuvor den ermüdenden Prozess des Lernens und Übens zu durchlaufen. Hier wurden Kinder befähigt, eine Musik zu machen, die den Tanz als integrierten Bestandteil des musikalischen Ausdrucks einschloss und Raum gab für Kreativität in Form von Improvisation und Komposition. Kurz gesagt: Kinder agierten von Anfang an als Musiker.

Mehr als siebzig Jahre sind nun vergangen seit diesen ersten Übertragungen der Schulwerkprogramme im Radio. Aber der Grundgedanke von Orffs musikpädagogischem Konzept ist heute noch so gültig und lebendig wie am ersten Tag. In seiner Anwendung wächst es und entwickelt sich weiter. Die originalen Schulwerkkompositionen von Carl Orff und Gunild Keetman besitzen zwar noch immer ihren Reiz und sind es wert gespielt zu werden, aber sie sind nicht mehr das ausschließliche Material des Schulwerks. Heute bezieht die Schulwerksarbeit die kulturelle Aktualität aller Länder mit ein, in denen das Schulwerk angeboten wird. Damit folgt es genau dem Ratschlag, den Carl Orff selbst gegeben hat:

> „Wenn ihr's im Ausland macht, dann müsst ihr wieder ganz von dem ausgehen, was diese Kinder erleben. Und die in Afrika erleben was anderes als die in Hamburg oder in Stralsund, etwas anderes als in Paris – und in Tokio wieder etwas anderes" (Regner, 2011/1984, S. 221).

Neue Adaptionen und Ergänzungen bergen jedoch auch Gefahren. Nicht alles, was mit Xylophonen und den anderen Orff-Instrumenten in Schulen, Kursen und Konzerten geschieht, kann mit dem Geist und den Zielstellungen des Orff-Schulwerks in Einklang gebracht werden. Bereits 1964 musste Carl Orff fragwürdige Entwicklungen beklagen:

> „Missverstandene Interpretationen und der Unfug, der mit dem Instrumentarium getrieben wurde, drohten mancherorts den Sinn des Schulwerks in sein Gegenteil zu verkehren" (Orff, 2011/1964, S. 153).

Wie aber kann sich das Orff-Schulwerk von diesen „fragwürdigen Praktiken" abgrenzen? Welche Bedeutung hat das Orff-Schulwerk in der Aktualität? Was sind seine Basisanliegen und Sorgen?

Es ist unbedingt erforderlich – in einer sich ständig verändernden Welt –, sich an den Grundprinzipien zu orientieren, die den Wesenskern des Schulwerks darstellen. Und darin sieht dieses Buch seine Aufgabe: Der Blick auf die Anfänge und Grundlagen des Schulwerks hilft uns, nach vorne zu schauen und das herauszuarbeiten und zu bewahren, was dem Orff-Schulwerk seinen Charakter gibt. Diese Kenntnis erlaubt es uns zu sehen, wie die Entwicklung weitergehen kann, ohne Orffs und Keetmans tiefbegründete Vision zu verwässern.

Ohne hier tiefer auf diese Fragen einzugehen, können wir folgendes feststellen: Das Orff-Schulwerk definiert sich heute in erster Linie als eine besondere Unterrichtsweise im Bereich der Musik- und Tanzerziehung. Zwei Punkte sind dabei entscheidend:

a) Das musikalische Material

Jeder Lehrer, der nach dem Konzept des Orff-Schulwerks arbeitet, muss dazu das geeignete Material, d. h. die passenden Lehrinhalte, selbst wählen (Lied, Tanz, Musikstück, Sprechvers, Geschichte oder visuelle Ausgangspunkte wie etwa eine graphische Notation oder ein Bild). Diese Freiheit der Wahl verlangt Verantwortung. Das, was der Lehrer für seinen Unterricht auswählt, sollte gewissen Geschmackskriterien entsprechen. Ein Blick in die fünf Bände des Orff-Schulwerks zeigt, dass das originale Material von Orff und Keetman, d. h. Lieder und Texte, weit entfernt ist von einer fragwürdigen und kitschig überzeichneten Kindheitsidylle – ganz im Gegenteil, wenn wir etwa an die harschen Texte denken, die auf die Zeit des Dreißigjährigen Kriegs Bezug nehmen (siehe Kapitel 7).

b) Die spezifische Lehrform

Der entscheidende Punkt ist die Unterrichtsweise, d. h. welche methodischen Schritte werden gewählt, um die Arbeit im Klassenzimmer zu lenken. Beim Orff-Schulwerk liegen diese Entscheidungen ganz in der Hand des Lehrers. Letztendlich zeigt sich im Lehrprozess, ob eine Unterrichtseinheit als „Orff-Schulwerk-Stunde" angesehen werden kann. Die Schüler mögen tanzen und auf Xylophonen spielen, so sagt dies noch nicht, ob dieses Agieren dem Orff-Schulwerk zugerechnet werden kann. Wenn ausschließlich die exakte Planung des Lehrers umgesetzt wird (seine Kompositionen, Instrumentalsätze und Tanzanweisungen) und sich kein Platz findet, um die Ideen und Anregungen der Schüler in die Gestaltung einzubeziehen, dann hat das nicht viel mit dem Schulwerk zu tun.

Daraus lässt sich schließen, dass das Schulwerk als eine offene Lehrform das Profil eines Lehrers benötigt, das diesen Anforderungen gerecht werden kann. Jemand, der ein genau ausgearbeitetes Unterrichtsskript braucht, um auf dem schnellsten Weg zu vorzeigbaren Ergebnissen zu kommen, wird am Orff-Schulwerk keine große Freude haben. Aber Musikpädagogen, die experimentierfreudig sind und das kreative Potential ihrer Schüler ernst nehmen, finden in Orffs und Keetmans Konzept reichhaltige Anregungen.

Aus diesem Grund muss von Anfang an festgehalten werden, dass das Schulwerk keine Methode im engeren Sinn ist, keine Formel, die man mechanisch und ungeprüft anwenden kann. Es verlangt die richtige Einstellung des Lehrers, basiert auf den pädagogisch-philosophischen Grundlagen dieses Konzepts.

Es verlangt ein klares und tiefes ‚Verständnis der Wurzeln' dieses Konzepts: Was waren die grundsätzlichen Intentionen, die zur Schaffung dieses Lehrkonzeptes führten? Ebenso wichtig: Wie sehe ich mich in diesem pädagogischen Denken? Kann ich mich mit diesem künstlerisch-pädagogischen Konzept identifizieren? Und was sind – um in der Vorstellung eines Baumes zu bleiben – die verschiedenen Äste und Verzweigungen dieses Systems? Was sind die Hauptziele, die Lehrprinzipien und die verwendeten Ausdrucksformen?

Sind solche pädagogischen Grundüberlegungen gefunden, werden die Lehrer fähig sein, ihren Unterricht zielführend zu gestalten, mit den angemessenen methodischen Schritten und kreativen Impulsen. Es wird klar, dass das Schulwerk auf die persönlichen Qualitäten des Lehrers aufbaut – die unerlässliche fachliche Kompetenzen im Bereich der Musik- und Tanzerziehung vorausgesetzt (Kapitel 8).

Folgende Lehrqualitäten sind nötig, um das Orff-Schulwerk angemessen zu unterrichten:

- Vertrauen in die Mitarbeit der Schüler

Überzeugung von dem kreativen Potential, der Erfindungsgabe und Phantasie der Schüler als die entscheidenden Drehpunkte in der Unterichtsgestaltung.

- Ambiguitätstoleranz

Kreative Prozesse benötigen ausreichend Zeit und Geduld. Man darf sich nicht vorschnell mit dem ersten Lösungsvorschlag zufriedengeben. Es gilt, Entscheidungsprozesse für eine gewisse Zeitspanne offen zu halten, um alternative Vorschläge zuzulassen und in die Bewertung einzubeziehen.

- Sozialkompetenz und Verantwortungsgefühl

Kreative Prozesse verlangen Entscheidungen: Wenn wir zwischen verschiedenen Möglichkeiten wählen, müssen zwangsläufig manche Ideen fallengelassen werden. Das kann zu Enttäuschungen führen und der Lehrer muss nötigenfalls emotional ausgleichen, besonders, wenn es sich um Kinder oder Jugendliche handelt. Es zählt schließlich nicht allein das gefundene Ergebnis, auch die Gruppendynamik muss beachtet und gegebenenfalls positiv beeinflusst werden. Rivalitäten und konkurrierendes Denken zerstören das Gemeinschaftsgefühl in der Klasse und sind hinderlich für kreative Prozesse.

Wenn man diese ‚Spielregeln' beachtet, dann öffnet das Orff-Schulwerk ein weites Feld für musik- und bewegungspädagogische Aktivitäten, die sowohl für Schüler als auch für den Lehrer bereichernd sind.

Kapitel 2

Das Schulwerk „gelebt haben..." – Echos aus Orffs Kindheit und Jugend

Man kann fragen, ob Carl Orff im Jahr 1948 pädagogisches Neuland betrat, als er sein Schulwerk als Rundfunkprogramm präsentierte. – Wohl nicht, er war ja schon ab 1924 mehrere Jahre in der Günther-Schule als Lehrer tätig gewesen. In der Tat neu war aber, dass dieses Programm sich an Kinder richtete und nicht an erwachsene Studierende. Die Günther-Schule war ein Ausbildungszentrum für Gymnastik, Musik und Tanz und die Studierenden waren junge Erwachsene, die hier ihre berufliche Ausbildung vervollständigten. Auf Grund seiner musikalischen und kreativen Fähigkeiten konnte Carl Orff die künstlerische und pädagogische Entwicklung der Studierenden beeinflussen. Die Zusammenarbeit mit der Schulgründerin Dorothee Günther half ihm, seine weitreichenden Visionen zu verwirklichen und seine Vorstellungen von musikalischem und tänzerischem Ausdruck in die Praxis umzusetzen. Diesem Bestreben erwuchs ein neuer und eigenständiger musikalischer Stil, der sich bewusst von der Kunstmusik seiner Zeit distanzierte.

Orff nannte ihn „Elementare Musik". Es war eine Musik, die alle zur Teilnahme einlud und den Tanz als wesentliche Komponente miteinbezog. Mit seinen eigenen Worten gesagt:

> „Elementare Musik ist nie Musik allein, sie ist mit Bewegung, Tanz und Sprache verbunden, sie ist eine Musik, die man selbst tun muss, in die man nicht als Hörer, sondern als Mitspieler einbezogen ist. Sie ist vorgeistig, kennt keine große Form, keine Architektonik, sie bringt kleine Reihenformen, Ostinati und kleine Rondoformen. Elementare Musik ist erdnah, naturhaft, körperlich, für jeden erlernbar und erlebbar, dem Kind gemäß" (Orff, 2011/1964, S. 144).

Eng verbunden war damit die Entwicklung eines Instrumentariums, das diesem Zwecke dienen konnte. Der Begriff „elementar" bedarf einer genaueren Definition, um nicht missverstanden zu werden. Hier hilft ein kurzer Blick zur englischen Sprache , die sich hier leichter tut, denn sie unterscheidet zwischen den Adjektiven „elementary" und „elemental". Während „elementary" das Einfache meint und das Basishafte, etwa „die ersten Schritte" auf einem neuen Gebiet, das später erst seine Komplexität zeigt, hat der Begriff „elemental" eine deutlich andere Bedeutung. Dies wird deutlich, wenn wir an Begriffe wie „Elementargewalten" und „Elementare Bedürfnisse“ denken. Das hat nichts mit einfach und leicht zu tun. Da die deutsche Sprache hier nicht hilft, diese Differenzierung deutlich zu machen, fühlte sich Carl Orff wiederholt dazu veranlasst, genau zu erklären, was „das Elementare“ für ihn heißt: „Das Elementare bedeutet immer einen Neubeginn [...] In seiner Zeitlosigkeit findet das Elementare in aller Welt Verständnis [...] Das Elementare ist immer zeugerisch“ (Orff, 1976, S. 277).

Die Erfahrung in der Günther-Schule ließen ihn auch nachdenken über „Musik mit Kindern und Laien“. Unter seinen Aufsätzen und Reden in der 1930er Jahren finden sich die folgenden Äußerungen:

> „Die Musikanweisung beim Kind beginnt nicht in der Musikstunde, die Spielstunde ist der Ausgangspunkt. Man soll nicht an die Musik herangehen, die Musik soll sich einstellen. Das Wichtigste ist, das Kind aus sich selbst heraus spielen zu lassen und alles Störende fernzuhalten“ (Orff, 2011/1932b, S. 69).

Außer den Erfahrungen, die Orff in der Günther-Schule sammeln konnte, besaß er noch einen weiteren Erfahrungsschatz, auf den er sich stützen konnte: Er musste nur zurückdenken an seine eigene Kindheit, in der er erleben konnte, was es heißt, „aus sich selbst heraus spielen“ zu können, ferngehalten von allem Störenden. Es war eine Zeit im Schoß der Familie, eine Zeit, in der er in spielerischer Weise in die Welt der Klänge, Töne und Rhythmen eindringen konnte.

Das Zurückdenken an diese frühen Erfahrungen bestärkte ihn wohl in seiner Forderung, Kinder ihre eigenen Ideen und Vorstellungen ausspielen zu lassen. Die schriftlichen Aufzeichnungen, die sein Großvater über seine frühe Kindheit machte, waren dabei eine wichtige Erinnerungshilfe. Dieser Chronik zufolge war Carl noch nicht einmal drei Jahre alt, als er das Klavier seiner Mutter auf eigene Faust erforschen wollte: „Ich suchte mir mit beiden Händen Klänge zusammen, die ich laut und leise immer und immer wiederholte“ (Orff, 1975a, S. 21). Bald kamen andere Instrumente hinzu, wie die Trommel, das Glockenspiel und die Mundharmonika. Sein Großvater notierte: „[E]r blies auf der Harmonika die Geschichte eines kranken Kindes und seiner Genesung“ (ebd., S. 22).

Wohl solche Erinnerungen im Kopf habend schrieb Orff im Jahr 1932, also mehr als dreißig Jahre später, über die musikalische Entwicklung des Kindes: „[D]as neue Erfinden, Entdecken ist hier das Entscheidende, nicht das Nachahmen und Reproduzieren“ (Orff, 2011/1932b, S. 75).

Der erste Band der achtteiligen „Dokumentation“ (veröffentlicht zwischen 1975 und 1983), der sich mit seiner Kindheit und Jugend beschäftigt, ist voll von Beispielen, die verdeutlichen, wie sich Orff erfindend mit seiner Umwelt auseinandersetzte und dabei die Musik entdeckte. Ulrike E. Jungmair vertritt dazu folgenden Standpunkt:

> „Die hintergründige Absicht, in diesen Erinnerungen auch Grundsätzliches über seine Elementare Musik- und Bewegungserziehung anklingen zu lassen, vor allem auf die vom Pädagogen Orff so eindringlich vorgestellte Einheit von Musik, Bewegung und

Sprache hinzuweisen, ist bei einzelnen Passagen des Berichtes unübersehbar.“ (Jungmair, 1992, S. 69)

Abb. 2: Der dreijährige Carl Orff mit Trommel.

Und lässt man seine außerordentliche musikalische Begabung und kreative Gestaltungskraft beiseite, so machen „Orffs Erinnerungen wirklich manches von den elementaren Fähig- und Fertigkeiten anschaulich, wie sie für alle durchschnittlich begabten Kinder typisch sind“(Jungmair, 1992, S. 69).

Noch nicht einmal zehn, entdeckte er auf dem Dachboden seines Großvaters das Rahmengestell eines Figurentheaters. Spielfiguren waren keine mehr zu finden, aber das störte ihn wenig. Er machte seine eigenen, ebenso die Kulissen und natürlich auch das Theaterstück selbst. „Eines meiner ersten Stücke hätte man fast eine improvisierte Oper nennen können, es hieß ‚Im Zauberwald‘“ (Orff, 1975a, S. 28). Die Musik verwendete das Glockenspiel, Tremolos auf dem Piano, Zitherklänge und eine Schachtel mit Erbsen und Haselnüssen als Rassel. Auch Spezialeffekte fehlten nicht, einschließlich Feuerwerk und Rauch. Kein Wunder, dass seine Mutter sich dabei nicht wohlfühlte. Sie bat Carl, in Zukunft nicht mehr so viel zu zaubern. Und außerdem mussten von nun an immer gefüllte Wassereimer bereitstehen.

Diese Haltung, Dinge nach seiner eigenen Vorstellungen zu machen, beschränkte sich nicht nur auf den musikalischen Bereich. Als er ins Gymnasium kam, begann er eine „Romantische Botanik“ anzulegen, wo er in poetischer Weise die Blumen gemäß ihrer Erscheinung im Jahreslauf beschrieb. Die biologische Systematik nach nackt- und bedecktsamigen Gewächsen, wie sie der Schulunterricht bot, fand er zu langweilig.

Dieses Beispiel zeigt deutlich den Konflikt zwischen dem aufregenden Selber-Entdecken und dem direkten Übergang zum Selbertun auf der einen Seite und dem theorieorientierten und schematisch-didaktischen Denken auf der anderen Seite, das seinem kreativen Forscherdrang Grenzen setzte. Wie ein roter Faden zieht sich dieser konfliktive Spannungsbogen zwischen kreativer Freiheit und formalem Zwang durch seine Kindheit und seine schulische Ausbildung. Die ersten Klavierstunden bei seiner Mutter wurden als etwas Spannendes und Neues erlebt, doch dann kamen die Fingerübungen, die ihn absolut nicht begeisterten (Orff, 1975a, S. 22). Die Tatsache aber, dass ihm Notenlesen und -schreiben gefiel, mag auf den ersten Blick erstaunlich sein, da diese Aktivitäten über das reine Musikspielen hinausgehen und auch theoretische Kenntnisse verlangen. Aber der kleine Carl spürte wohl instinktiv, dass die Fähigkeit, Musik zu schreiben, ihm weitere Möglichkeiten eröffnete, seine eigene Musik zu finden. Diese eigenen facettenreiche Erfahrungen in seiner Kindheit kondensierten sich dann in seiner pädagogischen Vision und trugen später dazu bei, dass auch viele andere Kinder sich als Komponisten erleben konnten.

In seiner Gymnasialzeit tat sich für Carl Orff der gleiche Zwiespalt zwischen seinen persönlichen Vorstellungen und der formalen Realität eines Schulsystems auf. Er empfand das Erziehungssystem mehr als ein Hindernis denn eine Hilfe für seine zukünftige Entwicklung. „Das Studium am Gymnasium [...] wurde mir nahezu zur Qual, da es mich im Grunde abhielt von dem was ich tun wollte und was ich glaubte tun zu müssen“ (Orff, 1975a, S. 39). Die schulischen Leistungen wurden schlechter und schlechter (Ausnahme: Latein) und er verließ die Schule noch vor dem Abitur. Der Skandal war beträchtlich in einer Familie, in der eine universitäre Ausbildung gleichsam ein ungeschriebenes Gesetz war. Aber er fühlte sich befreit, um sich nun auf ein Musikstudium zu konzentrieren.

Aber die nächste Enttäuschung war nicht fern. Die Münchner Musikakademie gab ihm nicht, was er sich erwartete. Wieder erlebte er den Zwiespalt zwischen seinen persönlichen Vorstellungen und den starren institutionellen Strukturen: „Die ganze Akademie war konservativ und altväterlich. Zu lange hatte ich auf freier Wildbahn meine eigenen so anders gearteten Ideen, Plänen und Experimenten gelebt, als dass ich mich nun in die Enge dieser Anstalt hätte einfügen können“ (Orff, 1975a, S. 44). So war es nur folgerichtig, dass er sich wiederum „auf freier Wildbahn“ nach einem Privatlehrer umsah.

Es war die Zeit, in der der Erste Weltkrieg ausbrach und Orff wurde zum Kriegsdienst eingezogen. Dies erwies sich allerdings nur als eine kurze Unterbrechung seiner Studien, denn er wurde bereits bei seinem ersten Kampfeinsatz schwer verletzt und nach Hause geschickt.

Ein Sprung zum Jahre 1921. Wie Orff selbst sagte, wollte er „lernen, lernen, lernen“ (Orff 1975b, S. 121). Er befasste sich im Selbststudium mit den „alten Meistern“ (Claudio Monteverdi, Heinrich Schütz und anderen) und er sagte über dieses Studium: „Ich suchte Erkenntnisse und Erfahrungen zu gewinnen und ließ an meinen Versuchen, mir Klarheit zu verschaffen, andere teilnehmen – ich unterrichtete“ (ebd.). Selten finden wir den von ihm so oft erlebten „Lehr- und Lerndualismus“ so klar ausgedrückt wie in dieser Doppelrolle des „lernenden Lehrers“ und des „lehrenden Studenten“ in Personalunion. Es war exakt sein Bild, wie er einen Lehrer sah: Er steht nicht seinen Schülern gegenüber, sondern blickt in die gleiche Richtung. Er geht den gleichen Weg, aber er geht führend voraus. Orffs Vorstellung, was ‚Erzieher‘ heißt, geht damit geradewegs auf die sprachliche Wurzeln des Wortes zurück: Das lateinische ‚dux‘, das ist der Führer, ‚der Herzog‘, der seinen Leuten vorangeht. Der Lehrer ist derjenige, dem man vertraut, dass er den Weg kennt und weist, aber eben auch gleichzeitig als Suchender. Das lässt keinen Platz für ein didaktisches System. Es ist die kreative Intuition und das Verantwortungsbewusstsein, das den wegweisenden „Lehrer-Studenten“ definiert.

Diese Sichtweise mag auch ein wenig Orffs Abneigung erklären, das Schulwerk zu theoretisieren. Er war darin sehr entschieden, den Begriff ‚Didaktik‘ ließ er nicht an sich heran. Das Schulwerk war das Schulwerk – weitere theoretische Erklärungen waren nicht nötig. Ich erinnere mich an ein Gespräch mit Liselotte, Carl Orffs Witwe. Es ging dabei um aktuelle Entwicklungen im Bereich des Schulwerks, dessen internationale Ausbreitung und die Hereinnahme von neuem musikalischem Material. Als ich dabei vom Unterrichtsstil sprach, den das Schulwerk verlangt, unabhängig von den musikalischen Inhalten, und von der „Pädagogik des Schulwerks“ , zuckte sie förmlich zusammen und sagte: „Pädagogik des Schulwerks – wenn Orff das hören würde...!“

In die gleiche Richtung weist eine Äußerung von Werner Thomas auf dem Symposium 1985 in Salzburg, einer Konferenz von internationalen Schulwerklehrern:

> „Orff hat mit den Begriffen Methodik und Didaktik nichts anfangen können. Er hat das Schulwerk durch und durch von der Elementarität der Kinderwelt her nach künstlerischen Maßstäben und Zielen konzipiert“ (Thomas, 1985, S. 29).

Wenn wir Orffs musikalische Entwicklung betrachten, seine Freude am Entdecken und Selbermachen, wie er auf seinem Weg zu seiner eigenen Musik alle systematischen Lehrstrukturen als Hindernis empfand, dann verstehen wir, weshalb er versuchte – sowohl in seinem kompositorischen Schaffen als auch im Schulwerk – einen direkten Weg zur Musik zu finden, durch eigene Erfahrung anstelle von theoretischer Systematisierung. So ist es auch nicht verwunderlich, dass sich in den fünf Bänden „Orff-Schulwerk – Musik für Kinder“ nur sehr spärliche methodische Hinweise finden. Orff wollte nicht zu viel erklären; er war überzeugt, das Schulwerk sei aus sich selbst heraus verständlich. Wiederholen wir Liselotte Orffs Worte: „Für ihn war das Schulwerk das Schulwerk, weitere Erklärungen unnotwendig“. Das war sogar in gewissem Sinne verständlich in den Jahren nach 1948, solange Lehrer die Schulwerksendungen im Radio verfolgen konnten.

Jedoch ohne die Klarstellungen und Erläuterungen, die die Radiosendungen und später die Schulwerkprogramme im Fernsehen boten, fühlten sich die Lehrer alleingelassen. Ihnen blieben nur die Partituren, die in den Radioprogrammen verwendet wurden. Zu viele Fragen und Zweifel blieben unbeantwortet und führten oft zu Fehlinterpretationen. Die Zusammenstellung des musikalischen Materials in den Bänden gab keine methodische Hilfen, da sie lediglich musikalischen Kriterien folgte. Der erste Band beschränkt sich auf pentatonische Skalen und einfache rhythmische Strukturen, die Bände II und III enthalten Lieder und Stücke im Durbereich; die Bände IV und V bieten Stücke in verschiedenen Modi und den Mollbereich. Die Tatsache, dass der erste Band mit sehr einfachen Melodien im Zwei- und Dreitonraum beginnt, und der letzte Band (V) Kompositionen mit literarischen und philosophischen Inhalten bietet, die weit über den Grundschulrahmen hinausgehen, darf aber nicht als ein für die Praxis gedachter didaktischer

Leitfaden verstanden werden. Orff betrachtete das Vorhaben mit einer völlig natürlichen Denkweise: Er wusste „als Kind“ wie zu beginnen war (bzw. wie es anfangen sollte) und er machte als Erwachsener deutlich, welche künstlerische und philosophische Tiefe in seiner Elementaren Musik zu finden war, in klarer Abgrenzung von der sogenannten Kunstmusik. Daher sei nochmals betont: Das originale im Druck erschienene Material ist lediglich ein Angebot an den Lehrer. In der angebotenen Form muss der Lehrer selbst wissen, welches der verschiedenen Stücke gerade das passende für seinen Unterricht ist.

Als Carl Orff 1948 die Einladung erhielt, ein Radioprogramm für den Musikunterricht in der Grundschule zu entwerfen, fand er dies mehr eine unerwünschte Ablenkung denn eine willkommene Gelegenheit. Er hatte sein berufliches Augenmerk völlig dem Theater zugewandt und arbeitete gerade an seiner Oper *Antigonae*. Seine musikpädagogische Arbeit betrachtete er als abgeschlossen, vermutlich mit einem Tropfen von Bitterkeit. In den Anfängen der 30er Jahre bestanden Bestrebungen, sein Schulwerk in das Regelschulsystem einzubeziehen. Leo Kestenberg, Musikreferent am Berliner Kultusministerium, zeigte großes Interesse an Orffs Elementarer Musikerziehung, und da er gerade an einer Neugestaltung der Musikerziehung arbeitete, sah er die Möglichkeit, Orffs Konzept in das Curriculum einzubeziehen. Aber diese Pläne in die Praxis umzusetzen wurden durch die politische Entwicklung in Deutschland zunichte gemacht (Orff, 2011/1964, S. 159).

Daher kam Orffs Entscheidung, das Angebot des Rundfunkprogramms anzunehmen, sehr zögerlich. Walter Panofsky schreibt:

> „Es fiel ihm offenbar nicht leicht, noch einmal von vorn anzufangen [...] Er sah das Ganze durchaus noch als Experiment mit ungewissem Ausgang: es schien ihm fast mehr eine Bestätigung vor sich selbst als vor der Welt anzukommen“ (Panofsky, 1962, S. 71).

Zusammen mit Gunild Keetman, seiner ehemaligen Studentin und späteren Kollegin an der Günther-Schule, und Rudolf Kirmeyer,[1] dem vorgesehenen Moderator, begann Orff Programmkonzepte zu entwerfen. Mehr und mehr erkannte er die Vorteile des Radios als Medium, um seine pädagogischen Vorstellungen zu realisieren. Ohne sich mit schuldidaktischen Verbindlichkeiten auseinandersetzen zu müssen, konnte er das Schulwerk „von außen“ in das Klassenzimmer bringen. Es ermöglichte ihm so, dass das Schulwerk nie zu einem Schulbuch wurde. Hermann Regner, langjähriger Direktor des Orff-Instituts in Salzburg, zog folgenden Schluss: „Die Schulwerkbände waren nie ‚modern‘ und konnten daher auch nicht ‚altmodisch werden.‘“[2]

Das schwierige Verhältnis zwischen Orffs Visionen und der institutionellen Wirklichkeit, das ihm in seinem früheren Leben wiederholt bewusst wurde, trat auch hier wieder in Erscheinung. Als er von seiner Ausbildung in der Akademie sprach und erklärte, dass es ihm schwerfiel, sich „in die Enge dieser Anstalt einfü-

1 Rudolf Kirmeyer, Direktor einer Münchner Schule, war der Öffentlichkeit durch seine Musikprogramme im Radio bekannt.

2 Aussage in einer Unterrichtsstunde am Orff-Institut, 1975–1977.

gen“ zu können, dann muss man nur ‚Anstalt‘ durch ‚Schulautorität‘ ersetzen, um seine Befürchtung zu verstehen, dass aus seinem ‚wildwachsenden‘ Schulwerk eine ‚domestizierte Pflanze im Schulgarten‘ werden könnte.

Diese Gefahr konnte jedoch abgewendet werden. Die Sendeanstalt des Bayerischen Rundfunks bot ihm einen sicheren Abstand von den didaktischen Unumgänglichkeiten der Schule. Die Aufgabe, das Schulwerk in den Schulalltag einzubeziehen, war dem einzelnen Lehrer übertragen. Das erlaubte das musikpädagogische Vermächtnis von Orff und Keetman als „reine“, d. h. unmodifizierte Ausgangsbasis zu erhalten.

Kapitel 3

Carmina Burana – Das Schulwerk – Das Bühnenwerk „Der dreigeteilte Orff“

Kaum ein Komponist ist der Gefahr so sehr ausgesetzt wie Carl Orff, sein künstlerisches Schaffen in verschiedene „Schubladen“, d. h. Kategorien eingeteilt zu finden.

1. Da ist allem voran der „*Carmina Burana*-Orff“, der Komponist eines der weltweit am häufigsten aufgeführten Chorwerke.
2. Dann Orff, der Initiator des Schulwerks, eines musikpädagogischen Konzepts, das einen enormen Einfluss auf die Musikerziehung genommen hat, ebenfalls weltweit.
3. Schließlich Carl Orff , der Komponist einer beträchtlichen Zahl von erfolgreich aufgeführten Opern und anderen Bühnenwerken.

Wir können annehmen, dass Carl Orff auch Berühmtheit erlangt hätte, wenn er sich nur auf eine der drei „Schubladen“ beschränkt hätte. Daher ist es auch nicht verwunderlich, dass eine große Zahl seiner Bewunderer, die sich ausschließlich nur auf eine der drei Schaffenskategorien beziehen, in dieser Ausschließlichkeit die Bedeutung der beiden anderen Bereiche nicht kennen. Für sie ist es offensichtlich in ihrer gefilterten Wahrnehmung nicht wichtig, nach Verbindungslinien zu den anderen Zweigen in Orffs Schaffen zu suchen; für ihre Bewunderung und ihren Genuss reicht ihnen ihr gewähltes Segment.

Fans der *Carmina Burana* finden fast jederzeit irgendwo auf der Welt eine Aufführung angesetzt, präsentiert von professionellen Ensembles bis hin zu Laienchören, Kirchen- und Schulchören. Manche Konzerte sind großangelegte Inszenierungen mit großem Orchester, Chor und *con imaginibus magicis*, wie Orff den choreographischen Bühnenbeitrag benannte. Andere Aufführungen sind kleiner dimensioniert, nur mit zwei Klavieren und Schlagzeug (neben den Sängern), eine Aufführungsform, die ebenfalls von Carl Orff offiziell autorisiert ist. Der dem Werk eigene rhythmische „Drive“, die in vielen Teilen streng eingehaltene Strophenform und die eingängigen Melodien tragen dazu bei, dass „die Carmina“ auch das Interesse von Leuten findet, die normalerweise nichts für Klassische Musik übrig haben. Dass musikalische Zitate des Werkes, vor allem aus dem Eröffnungschor, in Werbeeinschaltungen zu hören sind und entsprechend arrangierte

Versionen in Rockkonzerten vorkommen können, unterstreicht ebenfalls den außergewöhnlichen Charakter dieser Komposition. All das trug bei zu seiner herausragenden Stellung im Musikschaffen des 20. Jahrhunderts. Gäbe es im klassischen Musikbereich wie in der Popmusik das „One-Hit-Wonder“, käme Orff mit seiner *Carmina Burana* auf einen der vordersten Plätze.

Dann gibt es die „Schulwerk-Leute“. Manche von ihnen sehen Carl Orff fast ausschließlich als den Begründer eines musikpädagogischen Konzeptes. Und verbunden mit der ständigen weiteren Verbreitung kann es vorkommen, dass der Name „Orff“ synonym verstanden wird für jede Art von frühmusikalischer Erziehung. Während der weltweite Erfolg der *Carmina Burana* noch als kurioses und eigenartiges Zusammentreffen betrachtet wird, bleibt Orffs Theaterschaffen oftmals völlig unbekannt.

Die „Theaterleute“ haben wiederum eine andere Sichtweise. Orffs Hinwendung zu pädagogischen Themen scheint für manche unverständlich, ein vernachlässigbarer Nebenaspekt. Sie ziehen eine klare Linie zwischen dem ‚künstlerischen‘ und dem ‚pädagogischen‘ Orff. Liselotte Orff erzählte mir in einem Interview für ein Radioprogramm: „Die Theaterleute sagten immer: ‚Orff, lass das pädagogische Zeug beiseite, schreib mehr für das Theater!‘ Wenn er sich aber wieder einmal ärgern musste, weil eine neue Bühnenproduktion nicht seinen Vorstellungen entsprach, dann freute er sich umso mehr, wie herzlich und geschätzt er in der ‚Schulwerk-Welt‘ empfangen wurde.“

So kommen wir zu dem Bild vom „dreigeteilten Orff“, der Wahrnehmung einer außergewöhnlichen und vielseitigen Künstlerpersönlichkeit aus drei sehr unterschiedlichen Blickrichtungen.

Natürlich wissen wir, dass diese Klassifizierung simplifiziert und daher mehr als fragwürdig ist. Werner Thomas, Orffs hochgebildeter Wegbegleiter, Berater und auch Kommentator seiner Werke, bietet dagegen einen sehr differenzierten Standpunkt. Er führt aus, dass Orffs Bühnenwerk und sein pädagogisches Schaffen als eine intellektuelle Einheit gesehen werden müssen. „Sein Klangdenken ermöglichte ihm ohne Rangverlust ein Rekurrieren von der Großform zur Zelle und umgekehrt“ (Thomas, 1986, ohne Seitenzahl), was die Einbeziehung des Schulwerks meint. Es lohnt sich, dieser Meinung zu folgen und nach Verbindungslinien zwischen den verschiedenen Bereichen in Orffs kreativem Schaffen zu suchen.

Manche Belege sind klar und leicht nachweisbar. Man kann schwerlich die stilistische Nähe von *Carmina Burana* und dem Schulwerk übersehen. In beidem finden wir die Entwicklung seiner Elementaren Musik. Orff nannte wiederholt das Schulwerk einen „Steinbruch“, in dem er Konstruktionselemente (d. h. musikalische Motive) für seine *Carmina Burana* und andere seiner Werke fand. Andersherum fand sein kompositorisches Vorgehen in anderen Werken seinen Weg in die Kompositionen der *Musik für Kinder*, von Orff und Keetman nur in einfacherer Form geschrieben. Komponist und Pädagoge waren die beiden Seiten derselben Künstlerperson.

Mit anderen Worten: Das Gesamtkozept des Schulwerks atmet den Geist eines Komponisten (tatsächlich zweier Komponisten – um nicht die kongeniale Gunild Keetman zu vergessen). Selbst wenn die Stücke und Lieder des Schulwerks als modellhafte Vorgaben zu sehen sind, um kreative Eigenleistungen der Schüler anzuregen, können Schönheit und die authentische Kraft dieser musikalischen Miniaturen nicht übersehen werden. Das Schulwerk thematisiert nicht Lernen und Üben, sondern zielt immer auf ein gut gestaltetes Resultat, eine künstlerische Einheit als Abschluss eines schöpferischen Prozesses. Die Tatsache, dass dieses Endresultat sehr einfach sein kann, entsprechend dem Alter und Entwicklungsstand der Kinder, nimmt nichts weg von seiner Authentizität und seinem ästhetisch-künstlerischen Inhalt.

Aber manch einer mag einen gewissen Gegensatz sehen zwischen dem so klassifizierten „pädagogischen Orff" und dem „Komponisten Orff". Pädagogik blickt nach vorn, fördert moralische Konzepte, ebenso Verhaltensmodelle, die in der Zukunft Geltung haben sollten. Auf der kompositorischen Seite erkennen wir aber häufig Orffs Blick zurück in das Vergangene, seine Hinwendung zu historischen Epochen. Blicken wir alleine auf die zahlreichen historischen Themen, die er auf die Bühne brachte – *Antigonae* aus der griechischen Antike, die mittelalterliche Poesie der *Carmina Burana*, „Der Mond" und „Die Kluge" – Geschichten der deutschen Märchenwelt. Wie ein roter Faden zieht sich die Vergangenheit durch Orffs Schaffen.

Orffs Beschäftigung mit der Vergangenheit kann aber nicht als eine reine Rückreise in die Vergangenheit, sozusagen in eine unbekannte Zeit gesehen werden. Für ihn ist es mehr ein Heimfinden, das Wiedererkennen von etwas Vertrautem. So beschreibt er seine erste Begegnung mit der Partitur von Monteverdis *Orfeo* folgendermaßen:

> „Ich fand eine Musik, die mir so vertraut war, als hätte ich sie längst gekannt, als hätte ich sie nur wiedergefunden. Es war eine Übereinstimmung, die mich sehr bewegte und die Neues in mir aufbrechen ließ [...] Hier lagen neue Grundrisse, hier war noch alles keimhaft und offen für jede Entfaltung, hier war ein neuer Anfang, den ich suchte [...] Hier hoffte ich einen Weg zur Musikbühne zu erspüren, einen neuen Weg, der mich weiterbringen konnte. Ich wollte ab ovo beginnen" (Jans, 1996, S. 75–76).

Dieses Interesse an der Vergangenheit muss genau verstanden werden. Orffs Hinwendung zur Geschichte ist nie „historisierend" oder geprägt von musealem Denken. Ganz im Gegenteil, er sieht in erster Linie das, was von zeitlosem Wert ist. In den *Carmina Burana* konzentrierte er sich nicht auf historische Belange. Er ignorierte die vorhandene mittelalterliche Notation und konzentrierte sich darauf, die rhythmische Energie freizulegen, die er in den Texten spürte. Es war nicht der Gedanke der Rekonstruktion, der Orff motivierte, sondern die Neudefinition des Vorhandenen. Er suchte nach Elementen der Geschichte, die noch immer aktuell waren und es verdienten, in seinem Bühnenwerk wieder zum Leben erweckt zu werden.

Wenn Orff nach etwas „Neuem" suchte, tat er das mit dem Blick zurück zu den Anfängen, die im Laufe der Zeit verschüttet und überlagert worden sein mochten. Man kann Orff mit einem Architekten vergleichen, der seine Gebäude nicht nach Planquadraten auf Neuland stellt, sondern der alte Fundamente freilegt, um sie für seine neuen Strukturen zu verwenden. Die Hinweise dafür sind vielfältig: Während der Arbeit an seiner Oper *Antigonae* entdeckte er, dass er „von der in Hölderlins Sprache bereits enthaltenen Musik auszugehen" habe (Jans, 1996, S. 155). Im Jahre 1977, als er die Dichtung von Catull vertonte, sagte er zu Werner Thomas: „Ja, Catull hat es schon komponiert; ich habe es nur aufgeschrieben" (Thomas, 1990, S. 181).

Was war am Anfang? – Wie ging es los? Orffs in dieser Weise radikale Vorgangsweise bestand darin, Ausgangssituationen offenzulegen, um nach vorne zu blicken. Im Jahre 1921, mit gerade 26 Jahren, begann er damit, sich mit den „Alten Meistern" der Renaissance zu beschäftigen. In Monteverdi sah er den Beginn der europäischen Oper. Und die Anfänge des europäischen Musiktheaters fand er später dann in den Griechischen Tragödien.

Überrascht es da wirklich, das Orff auch danach Ausschau hielt, wie Musik für das menschliche Wesen existent wird? Sicher kamen ihm dabei seine eigenen ersten Erfahrungen mit Schlafliedern, Fingerspiel- und Auszählreimen in Erinnerung. Um diesen Fragestellungen nach den Anfängen noch weiter nachzugehen: Wann kann Musik als solche wahrgenommen und definiert werden? Hier kommen wir zu den Hirtenrufen, Marktschreien und melodischen Märchenerzählungen. Da ist der Weg dann nicht mehr weit zum Konzept des Schulwerks. So wird auch hier der Blick zurück bedeutungsvoll für die Zukunft und jener vermeintliche Widerspruch löst sich auf.

Die intellektuelle Einheit von Bühnenwerk und pädagogischem Schaffen liegt gerade in dieser großen Sensibilität vor dem natürlich Gewachsenen: Im Schulwerk materialisiert sich dieser Respekt vor dem bereits Vorhandenen, auf das er aufzubauen versucht. Das Vergangene wird zeitlos und lässt sich somit auf die Zukunft projizieren. Das gilt nicht nur für das gesammelte Spielmaterial, die Sprechverse, Tanzspiele, Reime und Rätsel. Es ist auch das bereits Vorhandene in den Kindern selbst – ihr kreatives Potential und ihre Gestaltungsbereitschaft –, was Orff als Grundlage für seine musikpädagogische Vision nutzt. Er regt Kinder dazu an, selbst als Schaffende tätig zu sein und somit selbstbewusst an die eigenen Kräfte zu glauben.

Somit zeigen sich also nicht nur starke Verbindungslinien zwischen den einzelnen Bereichen von Orffs Schaffen. Nein, es ist mehr: Es wird, so wie Werner Thomas behauptet, die innere Logik und Einheit des Denkens erkennbar, aus der heraus Orff sowohl in seinem Bühnenschaffen als auch im Feld der Pädagogik gleichermaßen überzeugend sein konnte.

Der „dreigeteilte Orff?" – Wenn man genau hinsieht, erkennt man, es ist doch immer ein und derselbe Carl Orff...

Kapitel 4

Leben und arbeiten in einer schwierigen Zeit

Es war wirklich eine „schwierige Zeit", die Zeit des Nationalsozialismus in Deutschland zwischen 1933 und dem Zusammenbruch am Kriegsende 1945. Orff durchlebte die Zeit des „Dritten Reiches" in Deutschland als Komponist, dessen Musik aufgeführt wurde.

Ausgerechnet sein berühmtestes Werk, die *Carmina Burana*, die ihm schließlich Weltruhm schenkte, wurde 1937 in Deutschland uraufgeführt. Da waren die Nazis schon vier Jahre an der Macht und hatten längst die Demokratie außer Kraft gesetzt.

Man kennt aus Dokumentationen die marschierenden Massen auf den Reichsparteitagen, die hysterisch jubelnden Menschenmassen und nach dem Krieg die Leichenberge in den Konzentrationslagern. Mit dem Holocaust war Deutschland in einen moralischen Abgrund gestürzt, wie man ihn sich für eine Kulturnation, die Kant, Hegel und Humboldt hervorgebracht hat, nicht tiefer vorstellen kann. Nach dem Zusammenbruch dann die allgemeine Betroffenheit. Ich erinnere mich noch an die Worte meines Geschichtslehrers in der Nachkriegszeit: „Wer glaubt, auf Goethe und Beethoven stolz sein zu müssen, sollte sich auch für Hitler und Himmler schämen."

Da tun sich natürlich Fragen auf: Wie kann man eine solche Zeit als öffentlich wahrgenommener Künstler überleben, ohne demonstrativ dafür zu sein, oder wenn nicht, im Widerstand sein Leben zu riskieren? Orff konnte arbeiten und wurde aufgeführt – ein erstaunliches Privileg in dieser schwierigen Zeit.

Carl Orff selbst hat sich reflektierend zu dieser Zeit öffentlich nicht geäußert. In seiner Dokumentation finden wir ausführlichere biographische Daten nur im 1. Band über seine Kindheit und Jugend und dann über den Entstehungsprozess seines Schulwerks. Generell stehen ausschließlich seine Kompositionen im Zentrum mit Kommentaren über ihre Entstehung und erste Aufführungen. Zeitbezüge erscheinen nur in Randbemerkungen, etwa „Pläne, die *Kluge* an der Berliner Staatsoper aufzuführen, gingen in den Wirren der Kriegsjahre unter" (Orff in Jans, 1996, S. 140) oder bezüglich einer erneuten Überarbeitung seiner Musik zu Shakespears *Sommernachtstraum* im Jahr 1944: „Die Zeitumstände waren einer Aufführung nicht günstig, so blieb sie liegen" (Jans, 1996, S. 135).

Natürlich, die Zeitumstände gegen Ende des Krieges waren mehr als nur „nicht günstig". Aber eine solch milde Einschätzung der Zustände kann nur verstanden werden aus der Sicht eines Künstlers, der sein kreatives Schaffen als erste und einzige Aufgabe seines Lebens ansah. Er wollte seine der Kunst gewidmete Existenz in keiner Weise von der Außenwelt beschädigt sehen.

Völlig überraschend kamen plötzlich im Jahr 1995 anlässlich seines hundertsten Geburtstags Fragen auf nach Orffs politischem Verhalten im Dritten Reich. Da waren in einer „Dokumentation" über Orff marschierende SS-Stiefel und Leichen in den KZs zu sehen, unterlegt mit Musik der *Carmina Burana*.[3] Fast zeitgleich veröffentlichte Michael Kater seine Studie über „Carl Orff im Dritten Reich" (Kater 1995). Die Welt war geschockt und manche glaubten bestätigt zu finden, „was sie schon immer vermutet hatten" (Maier, 1995, S. 1).

Bei aller Konfusion und momentanem Schaden hatten diese Aktionen auch etwas Gutes: Man begann, sich öffentlich mit dieser Problematik auseinanderzusetzen. Es gab mehrere Veröffentlichungen, die nach Katers Publikation Orffs Leben bezüglich seinem Verhältnis zu den Machtstrukturen im Dritten Reich in sachlicher Weise beleuchteten und wenig Beunruhigendes fanden, jedenfalls in keiner Weise eine geistige Nähe zu dem Regime (Thomas, 1995; Kugler, 2000; Regner, 1994; Maier, 1995).

Sieht man Orffs Lebensdaten (1895–1982) im Licht der zeitgeschichtlichen Entwicklung in Deutschland, dann hat Orff vier sehr unterschiedliche Epochen durchwandert: seine Kindheit und Jugend in der Kaiserzeit, in Bayern die Prinzregentenzeit genannt, mit großer kultureller und künstlerischer Bedeutung. Sie fand mit dem Ersten Weltkrieg ein Ende. Danach kam die Zeit der Weimarer Republik mit ihren kulturrevolutionären Tendenzen (siehe Bauhaus von 1919–1933). Das war auch die Zeit der Günther-Schule, inspiriert von den kulturellen Tendenzen der Zeit. Dann folgte die nationalsozialistische Diktatur und danach der Wiederaufbau der Demokratie in der Bonner Bundesrepublik.

Carl Orff hat sich zu keiner dieser Zeitläufte mit so unterschiedlichen politischen Strukturen spezifisch geäußert, daher kann man auch nicht sagen, er habe die Nazizeit „weggeschwiegen". Dass die *Carmina Burana* im Dritten Reich uraufgeführt wurden, macht dieses Werk noch lange nicht zum Kind dieser Zeit. Es ist vielmehr eine „Spät"-Folge seiner Entwicklung zu einer Elementaren Musik, herrührend aus der Arbeit an der Günther-Schule. Für Orff war dies ein Meilenstein im Findungsprozess seines kompositorischen Personalstils. Die Schwierigkeiten und Absagen, die der Uraufführung der *Carmina Burana* vorausgingen, zeigen deutlich, dass dieses Werk nicht im Interesse des Nazistaates war und absolut nicht willkommen war. Dennoch, das Werk rundheraus zu verbieten, wagten die Kulturverantwortlichen auch nicht. Carl Orff suchte zwar keine Nähe zu den Nazis, was ihn zwar grundsätzlich verdächtig machte. Aber andererseits zeigte er keinerlei politisches Profil und war deshalb nicht so leicht angreifbar. Die Bezeichnung von Carl Orffs Musik als „bayerische Niggermusik" durch Hans Drewes, den Musik-

3 London Weekend Television, 28. Januar 1995, lt. Maier, 1995, S. 1. Es gab auch eine (leicht ‚entschärfte') Version im deutschen Fernsehen.

berater des Reichspropagandaministers Goebbels, zeigte sehr klar die Vorbehalte (Kater, 1995, S. 11).

Auch sein (und Gunild Keetmans) Beitrag zur Eröffnungsmusik der Olympischen Spiele 1936 in Berlin dient kaum als Beweis einer positiven Haltung zum Nazi-Regime. Es war eine Verantstaltung, bei der die internationale Welt einen (letzten) Versuch unternahm, Hitler-Deutschland in der zivilisierten Völkergemeinschaft eingebunden zu halten. Damals saßen alle Staaten, auch die späteren Kriegsgegner Deutschlands, zu Hitlers Füßen (Maier, 1995, S. 9).

Orff beschreibt dieses Ereignis in seiner Dokumentation (Bd. III) in folgender Weise:

> „Erst nachdem mir Diem [Carl Diem, Generaldirektor und Organisator der Olympischen Spiele 1936 in Berlin, Anm. des Autors] versicherte, dass es sich bei diesem Festspiel um ein internationales olympisches Ereignis handle, das keinerlei politische Akzente erlaube, sagte ich zu, sofern ich den Auftrag direkt vom Olympischen Komitee erhalten würde“ (Orff, 1976, S. 205).

Natürlich hatten die Olympischen Spiele von 1936 für Hitler einen unschätzbaren propagandistischen Wert und das, was Carl Orff unter künstlerischen Gesichtspunkten sah, wurde von den Machthabern als politischer Erfolg gewertet. Ob Orff dies übersah oder in Kauf nahm, bleibt unklar. Minna Ronnefeld, Mitarbeiterin und Freundin von Gunild Keetman:

> „Dass es Orff reizte, die Schulwerk-Arbeit einem internationalen Publikum vorstellen zu können, ist verständlich; dass er aber übersah, dass sein Mitwirken als Zeichen von Akzeptanz oder auch Indifferenz gegenüber dem Naziregime interpretiert werden könnte, ist verwunderlich“ (Ronnefeld, 2002, S. 104).

Dieser Zwiespalt zwischen künstlerischem Anspruch und politischer Nutzung trat in einem anderen Fall noch deutlicher zutage: Im Arierwahn der Nazis wurden alle lebenden und geschichtlichen Kulturschaffenden, die nicht ihren Rassegesetzen entsprachen, aus dem öffentlichen Leben entfernt, mit einem Aufführungsverbot belegt bzw. totgeschwiegen. Unter vielen anderen fiel auch Felix Mendelssohn-Bartholdy als „Jude Mendelssohn“ diesem Gesetz zum Opfer. Da aber dessen populäre Musik mit Shakespears *Sommernachtstraum* untrennbar verbunden schien, suchten die Machthaber nach einem qualitativ hochwertigen Ersatz. Der Musikwissenschaftler und Journalist Fred Prieberg schreibt, dass die Nationalsozialisten bereits seit 1934 danach trachteten, Mendelsohn-Bartholdys Musik zu ersetzen. Prieberg berichtet von mehr als 40 Anfragen (Rösch, 2009, S. 51). Während andere Komponisten, u. a. Richard Strauss und Hans Pfitzner, ablehnten, nahm Orff den Auftrag an, „[w]as uns heute als schlimmer Kotau vor den Mächtigen dieser Zeit erscheint“, wie Hans Maier Orffs Zusage beurteilte (Maier, 1995, S. 9).

Selbst wenn es Orff ausschließlich darum ging, in Bezug auf Shakespeares *Sommernachtstraum* den Komponisten Mendelssohn zu ersetzen, musste es ihm doch klar gewesen sein, dass es seinen Auftraggebern um den „Juden Mendelssohn" ging. Ob Orff diese Problematik nicht bewusst war oder ob er dieses politische Zugeständnis in Kauf nahm? Wir wissen es nicht. Ihm ging es alleine darum, eine eigene Musik zu Shakespears *Sommernachtstraum* zu schreiben. Dieser Plan bewegte Orff bereits seit dem Jahr 1917. Über den Zeitraum von 50 Jahren (!) komponierte er sechs verschiedene Versionen, die letzte im Jahr 1963. Er fand Mendelssohn-Bartholdys Musik zu weich, zu süßlich, eine an die Oper grenzende Musik, die den Wesenskern der Sheakspearischen Dichtung zu überwuchern drohte (Jans, 1996, S. 133). Seine eigenen musikalischen Vorstellungen kamen seiner Meinung nach dem Gehalt des Theaterstücks näher. Orff sah daher in der Einladung eine erneute Gelegenheit, dieses lange gehegte Ziel zu verfolgen. Im Entstehungsprozess zeigte sich jedoch, dass er in der 1939 aufgeführten Version „unverzeihliche Zugeständnisse" machen musste. Die Lösung schließlich enttäuschte. Besonders deprimierend war für ihn, dass gerade diejenigen, die seine vorausgegangenen Versuche abgelehnt hatten, sich über diese neue Adaption lobend äußerten (Orff zit. n. Jans, 1996, S. 135).

Wie nah war nun Carl Orff wirklich dem Naziregime? Selbst Michael Kater, der in seiner Arbeit immer wieder versucht, Carl Orff in die Nähe zu den Machthabern zu rücken („Gewisse Aspekte seines Stils, die mit der nationalsozialistischen Musikästhetik zufällig (!) harmonisierten", Kater, 1995, S. 32) muss zugeben,

> „dass diese Musik nach 1933 eine logische Fortsetzung seines Schaffens *vor* Hitlers Machtantritt gewesen ist. Daraus muss gefolgert werden, dass er auch unter anderen staatlichen Umständen, etwa in einer demokratisch-republikanischen Ordnung, nicht anders komponiert hätte, als es zwischen 1933 und 1945 gewesen ist. Einer *Sommernachtstraum*-Neuvertonung hätte er sich dann, in einer nicht-antisemitischen Atmosphäre legitim, sehr viel leichteren Herzens und aus freien Stücken zuwenden können. Orff hat seinen Kompositionsstil also weder irgendwelchen NS-Vorgaben untergeordnet, noch hat er seine Werke jemals bewusst mit textlichen NS-Elementen versetzt."(Kater 1995, S. 32)

Es lässt sich festhalten: Orff hatte keinerlei ideologische, politische Verbindung mit den Machthabern, musste allerdings mit verschiedenen kulturpolitischen Institutionen des Staates verhandeln, um seine Aufführungen zu ermöglichen. Dass er sich aber niemals sicher fühlen konnte, wird in einem Brief deutlich (datiert 13. Juli 1938), den sein Verleger Ludwig Strecker ihm sandte. Es ging um die Frage, wie riskant es sei, seine Oper *Der Mond* in Frankfurt uraufzuführen:

> „Bevor wir nun den bedeutungsvollen Schritt tun, muss ich Ihnen doch noch einmal die Gefahren vor Augen halten, die damit verbunden sind. Ihr Gegner ist Gerigk, hinter dem der Völkische Beobachter steht. Dass sich das Propaganda-Ministerium anschließen wird, ist ziemlich sicher. Man muss also damit rechnen, dass der Fall Orff in ein entscheidendes Stadium tritt. Diese Leute haben hundert Mittel, Sie restlos zu erledigen, wenn sie wollen; dann brauchen Sie garnicht erst die „Kluge" zu komponieren oder sonstige Hoffnungen zu hegen. Ich will nicht sagen, dass es so kommen

muss, ich muss Sie nur allen Ernstes auf die Gefahren aufmerksam machen“ (Thomas, 1995, S. 6).

Er wurde von manchen Kulturfunktionären mehr geduldet (da er sich „nichts zuschulden“ kommen ließ) als anerkannt. Beliebt war er aber sicher nicht, wie dies in einer offiziellen Stellungnahme eines NSDAP-Funktionärs aus dem Jahre 1942 deutlich wird:

> „Er wird als Komponist in immer stärkerem Maße herausgestellt und gerade von jenen Kreisen gefeiert, die auch heute noch als weltanschauliche Gegner anzusehen sind. Bei unserer Dienststelle bestehen Bedenken weltanschaulicher Art gegen das von ihm herausgegebene „Musik-Schulwerk“ und wir distanzieren uns auch von seinem musikalischen Schaffen“(Kugler, 2002b, S. 23).

Nach seiner Oper *Der Mond* (1939) trug sicher auch *Die Kluge* (1943) nicht zur offiziellen Begeisterung bei, etwa wenn der eingekerkerte Vater singt: „Und wer die Macht hat, hat das Recht, und wer das Recht hat, beugt es auch, denn über allem herrscht Gewalt“. Auch die losen Sprüche der drei Strolche mochten nicht gern gehört worden sein: „Fides ist geschlagen tot, Justitia lebt in großer Not.“ Manche Wohlwollende sehen darin sogar kritische Anspielungen auf die damaligen Zeitverhältnisse, somit einen latenten Widerstand. Hans Maiert dazu:

> „Ich fürchte nur, dass Orff Politik zu allen Zeiten seines Lebens in diesem Licht gesehen hat. Sie mochte nicht immer so tyrannisch und kriminell auftreten wie im Dritten Reich. [...] Die Tyrannis war für Orff vor allem deshalb schlecht und böse, weil sie das Eigen-Reich der Kunst zerstörte, weil sie alles in den Sog der Politik zog“ (Maier, 1995, S. 10).

Bei all den jubelnden Menschenmassen, die in den Propagandafilmen zu sehen waren, darf nicht übersehen werden, dass ein großer Teil der deutschen Bevölkerung von dem Naziregime sehr bald genug hatte. Sich dazu allerdings öffentlich zu äußern, war lebensgefährlich. Das Spitzelsystem der Staatspolizei war gefürchtet und die immer näher rückenden Kriegshandlungen konnten jede falsche Äußerung zum „Hochverrat“ werden lassen. Viele hofften nur, dass der Spuk des „Tausendjährigen Reichs“ bald vorüber sein würde. Es stellt sicher keine Vereinfachung dar, den Komponisten Carl Orff zu dieser Gruppe zu rechnen. Hans Maier:

> „Wenn er auch die Nazis von Herzen verachtet hat – ein Widerstandskämpfer war er freilich auch nicht. Doch wer kann, wer darf das – zumal als Spätergeborener – von einem Künstler im Dritten Reich so einfach verlangen?“ (Maier, 1995, S. 11)

Seine Reaktion, als er von der Verhaftung seines Freundes (und aktiven Widerstandskämpfers in der Weißen Rose) Kurt Huber erfuhr, mag als momentane menschliche Schwäche angesehen werden. Hubers Frau setzte Orff in Kenntnis von der prekären Lage, in der sich ihr Mann befand, aber Orff zeigte nicht das erwartete Mitgefühl, sondern dachte spontan erst einmal an die Auswirkungen auf seine kompositorische Arbeit.

Die politische Realität verlangte ihren Tribut und nahm rigoros Einfluss auf das Verhalten der Menschen. Wie viele andere deutsche Mitbürger durchlebte Carl Orff eine schwierige Zeit mit all ihren Herausforderungen. Es ist dabei aus heutiger Sicht schwer zu entscheiden, welche Zugeständnisse unumgänglich und welche vermeidbar waren.

Wie schon zu Beginn des Kapitels festgestellt, hat Carl Orff vier unterschiedliche Zeitverhältnisse durchlebt – vier Epochen, die nicht unterschiedlicher sein konnten und dazu jeweils ohne jegliche Übergangsphase. Unter dieser Perspektive ist es nicht weit hergeholt zu fragen: Was ist das Bleibende und Beständige bei all diesen Wechseln? Was bleibt erhalten in diesem Fluss der Zeit, was ist somit „zeitlos" zu nennen? Auf diese Thematik stößt man in Orffs Gesamtwerk immer wieder und sie wurde bereits im vorigen Kapitel unter anderem Gesichtspunkt angesprochen.

So nannte Franz Willnauer Orffs Astutuli eine „zeitfern-zeitlose Komödie" (Jans, 1996, S. 185) und die zentrale Thematik des Werkes ist auch wirklich von zeitloser Aktualität: Es geht um die Leichtgläubigkeit und Manipulationsanfälligkeit der Menschen. Aber auch die Zeit selbst, genauer, die langsam verrinnenden Minuten werden von den ungeduldig wartenden und schrecklich betrogenen „Burgern" in einer naiv-absurden Weise reflektiert: „Zeit braucht sei Zeit... Zeit braucht sei Zeit...", so sprechen sie sich gegenseitig Mut zu.

Neben *Astutuli* spielt die Zeit auch in anderen Bühnenwerken Orffs eine wichtige Rolle. Nur zwei Beispiele:

- Wohlbekannt ist das Rad des Schicksals der *Carmina Burana*, das in seiner ständigen Bewegung die Wiederkehr der unterschiedlichen Zeitläufte versinnbildlicht: „O Fortuna, velut luna statu variabilis" (O Schicksal, veränderlich wie des Monds Gestalt)
- Eine zentrale Bedeutung besitzt die Zeit in Orffs letztem Bühnenwerk, *De temporum fine comoedia* (Das Spiel vom Ende der Zeit)

„Die Zeit" ist in seinem Oeuvre ein ständig präsentes Thema, ein immer wieder in Erscheinung tretendes Perpetuum. Carl Orffs künstlerisches und wohl auch menschliches Zeitverständnis insgesamt lässt sich darin sehen. Alle seine Werke sind der Märchen- und Erzähltradition entnommen und der griechischen Mythologie. Haben sie einen realen Hintergrund wie etwa *Die Bernauerin,* dann reichen sie doch weit zurück in vergangene Zeiten. Orff ist in der Geschichte zuhause, aber er historisiert nicht. Er entdeckt und legt frei, was in seinem Sinne auch heute noch gültig ist. So wird das Vergangene wieder bedeutsam und bleibt zeitlos „neu". In dieser Zeitlosigkeit relativieren sich die Ereignisse der aktuellen Lebenszeit. Carolee Stuart, ehemalige Präsidentin der Amerikanischen Orff-Schulwerk Gesellschaft AOSA in einem Artikel aus dem Jahr 1996:

„While he was not politically involved, Orff did not escape being influenced by the events in his enviroment. How could anyone? [...] Orff was human and he may have used poor judgement – just as we all may in our own attempts to live our lives.“ (Obwohl er sich nicht politisch engagierte, konnte er nicht verhindern, dass die Ereignisse seiner Zeit Einfluss auf ihn nahmen. Konnte das überhaupt jemand? [...] Orff reagierte menschlich und mag nicht alle Entscheidungen wohl durchdacht haben – genau wie das für uns alle gelten mag, die wir versuchen, unser Leben zu meistern] (Stewart, 1996, S. 6).

Carl Orff, *Sunt lacrimae rerum* für sechsstimmigen Männerchor

II. Omnia tempus habent	
Omnia tempus habent et suis spatiis transeunt universo sub coelo : tempus nascendi et tempus moriendi tempus plantandi et tempus evellendi quod plantatum est tempus occidendi et tempus sanandi tempus destruendi et tempus aedificandi tempus fiendi et tempus ridendi tempus plangendi et tempus saltandi tempus spargendi lapides et tempus colligendi tempus amplexandi et tempus longe fieri ab amplexibus tempus acquirendi et tempus perdendi tempus custodiendi et tempus abjiciendi tempus scindendi et tempus consuendi tempus tacendi et tempus loquendi tempus dilectionis et tempus odii tempus belli et tempus pacis !	Alles hat seine Zeit Und läuft seine zugemessene Bahn Unter dem Himmel; die Zeit des Geborenwerdens und Die Zeit des Sterbens; die Zeit des Pflanzens und Die Zeit des Ausreißens dessen, Was gepflanzt ward; die Zeit des Untergangs und Die Zeit des Gesundens; die Zeit des Niederreißens und Die Zeit des Erbauens; die Zeit des Weinens und Die Zeit des Lachens; die Zeit des Jammers und Die Zeit des Tanzens; die Zeit, da man die Steine umherwirft und Die Zeit, da man sie sammelt; die Zeit des Umarmens und Die Zeit, da man nichts weiß vom Umarmen; die Zeit des Erwerbens und die Die Zeit des Verlierens; die Zeit des Bewahrens und Die Zeit des Wegwerfens; die Zeit des Zerreißens und Die Zeit des Pflegens; die Zeit des Schweigens und Die Zeit des Redens; die Zeit der Liebe und Die Zeit des Hasses; die Zeit des Krieges und Die Zeit des Friedens![4]

4 Textübertragung: Rudolf Bach im Booklet zur CD „TEMPORA – Alles hat seine Zeit“, OEHMS CLASSICS 2005.

Kapitel 5

Bitte Gunild nicht vergessen!

Es ist wohl nicht nur ein physikalisches Gesetz, dass stark strahlende Sonnen in ihrer Nähe stehende Sterne, die nicht an ihre Leuchtkraft heranreichen, bis zur Nichtwahrnehmung abschatten. Gunild Keetman ist wohl auch so ein Stern, der leicht übersehen wird. Die Erfahrung zeigt, dass es möglich ist, über das Orff-Schulwerk zu sprechen, ohne Gunild Keetman weder auf den Lippen noch im Sinn zu haben. „Orff-Schulwerk“ und „Orff“ sind umgangssprachlich synonym verwendbar. Musikalische Früherziehungsgruppen werden zu „Orff-Gruppen“ und „Orff-Instrumente“ sind eine allgemeinübliche Bezeichnung für bestimmte Instrumente. Selbst „orffen“ als Verb für eine musikalische Aktivität kann man mitunter hören.

Es gibt zarte Versuche, Gunild Keetman nicht in Vergessenheit geraten zu lassen: Es ist erfreulich, dass die amerikanische Orff-Schulwerk Gesellschaft AOSA seit vielen Jahren einen ‚Gunild Keetman Assistance Fund‘ zur Ausbildung und Förderung von musikpädagogischen Projekten eingerichtet hat. Auch der Theatersaal des Carl Orff-Instituts in Salzburg ist nach ihr benannt. Weitere Initiativen wären erforderlich, um ihr die Anerkennung zu verschaffen, die sie eigentlich verdient.

Minna Ronnefeld, eine enge Mitarbeiterin und Freundin von Gunild Keetman, erinnert sich:

> „Mehrmals geschah es beim Radiohören, dass ein Ansager nach einem Schulwerkstück sagte: ‚Sie hörten ein Stück von Carl Orff‘. Dasselbe geschah sogar nach der *Weihnachtsgeschichte* – ein Werk, das bekanntlich von ihr komponiert ist –, worauf Gunild mich irritiert und verärgert ansah, sich auf die Oberschenkel schlug und ausbrach: ‚Nein, das habe ich komponiert.‘ Ähnliches hatte sie im Laufe der Jahre oft erlebt und meistens wohl großherzig überhört“ (Ronnefeld, 2004b, S. 48).

Sogar auf dem Umschlag der Partitur zur *Weihnachtsgeschichte* steht „Carl Orff – Die Weihnachtsgeschichte“, was Carl Orff handschriftlich ergänzte: „Musik Gunild Keetman“ (Ronnefeld, 2004b, S. 49).

Carl Orff, der Visionär, und Gunild Keetman, die ausführende Praktikerin. Selbst wenn dieses Bild nur zu gut ins Klischee passt, entspricht es absolut nicht der Wirklichkeit. Sicher hat Carl Orff, auch als Lehrer von Gunild Keetman, die theoretische Grundlage für die Elementare Musik entwickelt, wie sie an der Gün-

Abb. 3: Der Umschlag der *Weihnachtsgeschichte* mit (irrtümlich) Carl Orff als Komponist.

ther-Schule gepflegt wurde; sicher auch, dass Gunild Keetman ungemein geschickt das Orff-Schulwerk in die Praxis umsetzen konnte. Es ist bekannt, dass Carl Orff ihre praktische Arbeit hoch schätzte: „Niemand kann es wie du!" (Ronnefeld, 2004b, S. 39). Eine Behauptung, die jeder nur bestätigen kann, der die Zusammenstellung einiger Ausschnitte ihrer vom Bayerischen Rundfunk in den Jahren zwischen 1957 und 1959 produzierten Fernsehprogramme (Kallós, 2004) ansieht: bewundernswert, ihr aufgeschlossener und einladender, aber gleichzeitig klarer und zielgerichteter Unterrichtsstil. Es war offensichtlich eine spezielle Gabe von Gunild Keetman, Studenten jeglichen Alters zu inspirieren und zu motivieren.

Verena Maschat, international anerkannte Lehrerin des Orff-Schulwerks und langjährige Assistentin von Hermann Regner, Leiter des Orff-Instituts in Salzburg, hatte in ihrer Kindheit in München die Gelegenheit, in Gunild Keetmans Kindergruppe bei der Produktion von Schallplattenaufnahmen des Schulwerks und folgenden Fernsehproduktionen (Ende der 50er Jahre) mitzuwirken. Ihre Erinnerungen an diese Arbeitsphasen mit Gunild Keetman fasst sie folgendermaßen zusammen:

> „Wir arbeiteten mit den Modellen aus dem Schulwerk, aber Gunild regte uns auch immer wieder zum Erfinden eigener Begleitungen, Texte und Melodien an [...] Die Arbeitsweise Gunilds war zielstrebig und genau; alles lief auf sicherer Bahn und jeder übte jede Stimme. Erst dann wurde festgelegt, wer erste und wer zweite Stimme singen, wer den Bass oder wer die Melodie auf der Flöte spielen sollte [...] Da wurde oft wiederholt, immer wieder kritisch zugehört und verbessert, bis der Ablauf selbstverständlich war. Aber wir hatten nie das Gefühl des ermüdenden ‚Einübens', irgendwie wusste Gunild immer, unser Interesse wach zu halten" (Maschat, 2004, S. 73).

Auch Verena Maschats Beschreibung von Keetmans Charakter würde sicher ebenfalls von anderen, die sie gut kannten, so bestätigt werden:

> „Ich besuchte Gunild in ihrer Mühle dann noch einige Male [...] Stets war da im Vordergrund der Mensch – zugewandt, bescheiden, liebenswert. Gespräche mit ihr wa-

ren immer Zwiegespräche, ein ruhiger Wechsel zwischen Zuhören, Nachdenken und Sprechen. Nicht wortreich, aber treffend, mit Humor und Spontaneität. Sie bevorzugte den kleinen Kreis, die praktische Arbeit mit Kindern und Studenten, das Von- und Miteinander-Lernen. Die Vorführsituation, das ‚im Rampenlicht-Stehen' und die Projektion nach außen bei Kongressen oder Konzerten kosteten sie Überwindung" (Maschat, 2004, S. 77).

So gesehen ist es nicht verwunderlich, dass die Veröffentlichung ihrer theoretischen und praktischen Gedanken in ihrem Buch „Elementaria – Erster Umgang mit dem Orff-Schulwerk" erst 1970 erschien, mehr als zwanzig Jahre nach dem Beginn der Schulfunk-Radioprogramme.

Werner Thomas zur Entstehungsgeschichte des Werkes: „Ihr Buch *Elementaria*, das Beste, was es zum rechten Umgang mit dem Schulwerk gibt, war ihr von Orff abgerungen worden. Bald flossen Tränen, bald nannte sie ihren Mentor scherzhaft ‚Einpeitscher' und ‚Sklavenhalter', um der Geburtswehen des Buches Herr zu werden". Andererseits „hat es dazu beigetragen, dass ihr Name mit dem Orffs gemeinsam um die Welt ging" (Thomas, 2004/1991, S. 157).

Und in der Tat, auch heute noch, 50 Jahre nach dem Erscheinen, ist das Buch einer Buchbesprechung von Martha M. O'Hehir folgend noch immer von Bedeutung. Für sie ist *Elementaria* „ein Schlüssel, um die Geheimnisse und den Zauber des Orff-Schulwerks bezüglich seiner Philosophie und seiner praktischen Umsetzung klarzulegen und zu verstehen; um es zu realisieren und in eine sinnvolle Ordnung zu bringen, für jede Schulstufe, jede Gemeinschaft und jede Altersgruppe" (O'Hehir, 2020, S. 59).[5]

Als es dann 1948 zur Ausarbeitung der Radioprogramme kam, war sie längst zur gleichwertigen Koautorin gereift. Vermutlich wäre es nicht zur Durchführung des Schulwerk-Projektes gekommen ohne ihre konsequente und hingebungsvolle Mitarbeit. Daher ist der Titel „Orff-Schulwerk – Musik für Kinder" als Kompositorenbezeichnung zu sehen, die gleichwertig die beiden Urheber Carl Orff und Gunild Keetman einschließt. Wenn Gunild Keetman Orff in dessen Haus in Diessen besuchte, dann ging es nicht nur um das Schulwerk.

> „Die ganzen Jahre bat Orff Gunild oft zu sich nach Diessen zu kommen, um verschiedene, meist klangliche Details seiner Kompositionen auszuprobieren. So befand sie sich immer wieder mitten im Schaffensprozess seiner Werke und war – was nur wenige wissen – weitaus mehr als Mitautorin des Schulwerks." (Ronnefeld, 2004b, S. 45)

Nicht zu vergessen sei auch die Brücke, die sie bildete, um dem Schulwerk-Radioprogramm ein tragfähiges Fortbildungs- und Ausbildungssysstem zur Seite zu stellen. Die Schulwerk-Radiosendungen hatten zwar bei vielen Lehrern Interesse und sogar Begeisterung erweckt. Dennoch verstanden viele nicht, Orffs musik-

5 Originaltext in *Orff Echo*, Vierteljahresheft der AOSA (American Orff-Schulwerk Association: „a key to unlocking and understanding the secrets and magic of what the Orff-Schulwerk philosophy and practice is, how to facilitate it, and how to sequence it, for any class, community, age group."

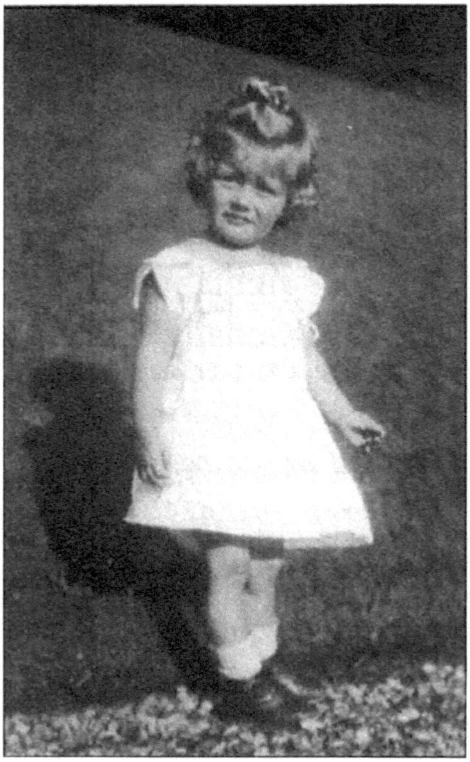

Abb. 4: Die zweijährige Gunild Keetman.

pädagogische Ideen so in die Praxis umzusetzen, wie sie von ihm gedacht waren. Es gab viele Missverständnisse und manche Lehrer fielen in alte Unterrichtsformen zurück, in der die Kreativität der Kinder keine Rolle spielte. Zudem war natürlich der Tanz in einem Hörfunkprogramm nur auf verbale Aufforderungen reduziert und somit unterrepräsentiert. Es wurde mehr und mehr deutlich, dass die Schulfunkprogramme als ein Initialeffekt einen großen Dienst leisteten, um die Aufmerksamkeit der Lehrer zu bekommen, aber es reichte nicht, um Orff und Keetmans Konzept einer Elementaren Musik in vollem Maße in das Klassenzimmer zu bringen. Dazu war eine tiefergehende Ausbildung nötig.

Hilfe kam von einem Mann, mit dem Carl Orff schon seit den frühen Dreißiger Jahren befreundet war, Eberhard Preussner. Damals hatte er für Orff die Verbindung zu Leo Kestenberg im Preußischen Kulturministerium hergestellt, nun war er Professor (später auch Leiter) an der Akademie für Musik und Darstellende Kunst *Mozarteum* in Salzburg, der heutigen Universität für Musik und Darstellende Kunst. Er ermöglichte es, dass bereits ab Sommer 1949 Kinderkurse zum Orff-Schulwerk am Mozarteum stattfinden konnten, mit Gunild Keetman als Lehrerin. Diese praktische Arbeit war der Grundstein einer Entwicklung, die dem Orff-Schulwerk eine Wirkungsdauer verlieh, die langfristig über die Anfänge der Schulfunksendungen hinausreichte. Letztendlich führte Gunild Keetmans Arbeit am Mozarteum dazu, dass im Jahre 1963 das Orff-Institut als Sonderabteilung des Mozarteums mit eigener Ausbildungsstätte neben dem Schloss Fronburg eröffnet werden konnte.

Aber diese so erfolgreiche pädagogische Arbeit Keetmans sollte nicht dazu führen, ihre künstlerische, kompositorische Arbeit zu übersehen: In ihrer Zeit an der Günther-Schule (sie trat 1926 als Studentin ein und wurde nach dem Studienabschluss 1928 direkt in den Lehrkörper übernommen), arbeitete sie sehr eng mit Maja Lex zusammen, die die choreographische Arbeit der Schul-Tanzgruppe leitete. Nahezu 70 Tänze der Komponistin Gunild Keetman konnten dokumentiert werden; Musikstücke, die bei Tanzdarbietungen, Wettbewerben und den vielen Tourneen der Tanzgruppe in In- und Ausland aufgeführt wurden.

Es ist interessant und aufschlussreich, die Lebensdaten der beiden Autoren des Schulwerks zu vergleichen:

Carl Orff wurde 1895 in München, im Süden Deutschlands, geboren, Gunild Keetman im Jahr 1904 im Norden, in Elberfeld (heute ein Stadtteil von Wuppertal). Beide entstammten gutsituierten Familien, in denen Musik, vor allem das aktive Musizieren, eine große Rolle spielte. Gunilds Mutter spielte Gitarre und Klavier, ihr Vater fand in der Photographie seinen künstlerischen Ausdruck (Ronnefeld, 2004b, S. 17). Beide, Orff und Keetman, hatten eine behütete Kindheit. Aber beide Familien erwarteten auch eine traditionelle berufliche Entwicklung, der weder Carl noch Gunild gerecht wurden.

Eine erstaunliche Parallelität zeigte sich folglich in der schulischen und beruflichen Entwicklung beider: Ebenso wie Orff erst die Schule „überstehen" musste und danach auch in der Musikakademie nicht das fand, wonach er suchte, so war auch Gunild Keetmans Werdegang von Ausbildungsumwegen und Studienabbrüchen geprägt. Sie besuchte Ausbildungsstätten, die sich sehr schnell als uninteressant und als Zeitverschwendung herausstellten.

Es wirkt schon fast komisch, dass sie – als brave Tochter – dem Wunsch ihrer Eltern gehorchte und zwei Frauenfachschulen besuchte: „Die Zeugnisse hinterlassen nicht den Eindruck, dass Gunild von einer Zukunft mit Kochen, Bügeln oder gar Geflügelzucht träumte" (Ronnefeld, 2004b, S. 21). Sie schrieb sich an der Universität Bonn ein und wählte Kunst- und Musikgeschichte. Doch auch hier stellte sie sehr bald fest, dass ein theorieorientiertes, akademisches Studium für ihre Interessen keine Perspektive bot.

Kommen einem da nicht unwillkührlich Orffs Erfahrungen mit Schule und Akademiestudium in den Sinn: „Das Studium am Gymnasium [...] wurde mir nahezu zur Qual, da es mich im Grunde abhielt von dem, was ich tun wollte und was ich glaubte tun zu müssen" (Orff, 1975a, S. 39) und „Die ganze Akademie war konservativ und altväterlich"(ebd., S. 44).

Gunilds Irrwege waren jedoch nach der universitären Episode noch nicht zu Ende: Erst musste sie noch ein Semester an der Berliner Hochschule für Leibeserziehung in einer „militanten Atmosphäre" (Ronnefeld, 2004b, S. 21) durchstehen, bis sie endlich den Weg an die Günther-Schule fand.

Und hier fanden sich die beiden, Orff und Keetman, in einer musikalischen Welt, die so anders war als all das, was sie vorher erfahren hatten. Gunild Keetman war fasziniert von Orffs Persönlichkeit und Ausstrahlung:

> „Orffs genialer, engagierter Unterricht stand im krassen Gegensatz zu allen meinen bisherigen Erfahrungen. Wenn er sich ans Klavier setzte und anfing zu spielen [...] zauberte er neue Klänge und verstand es, uns alle Musikstile an Beispielen, die ihm gerade dazu einfielen, unvergesslich einzuprägen. Oder er improvisierte immer Neues und Überraschendes und konnte kaum enden [...] Niemand von uns Schülern wäre je vorher auf die Idee gekommen, etwas Eigenes zu spielen. Aber nun kamen wir stundenlang nicht vom Klavier weg" (Keetman, 2011/1978, S. 51–53).

Gunild Keetman berichtete später Minna Ronnefeld:

> „Ich und meine Mitschülerinnen, von denen viele erst 17–18 Jahre alt waren, hatten am Anfang nur eines im Sinn: Selbstentfaltung und Entwicklung unserer Persönlichkeit durch Musik und Tanz. Theorien interessierten uns nicht, Pädagogik war ein Fremdwort“ (Ronnefeld, 2002, S. 97).

Minna Ronnefeld fährt fort:

> „Orff hatte bald Keetmans schlummerndes schöpferisches Potenzial erkannt. Dies löste einen radikalen Umbruch in ihrem Lebensgefühl aus und befreite gewaltige Arbeitsenergien. Die Arbeit wurde ihr Leben und die Schule ihre Heimat, ihre Welt. Sie selbst sollte bald eine tragende Rolle bei der Weiterentwicklung der Günther-Schule übernehmen“ (ebd., S. 97).

Diese tragende Rolle sollte ab 1948 ebenso bedeutsam sein bei der ‚zweiten Geburt‘ des Orff-Schulwerks in den Radiosendungen. Somit leistete sie einen unmessbaren Beitrag, um das Schulwerk zu dem zu machen, was es heute auf der gesamten Welt geworden ist.

Carl Orff und Gunild Keetman – wenn man genau hinsieht, sind es eben doch ‚zwei leuchtende Sterne‘ am ‚Orff-Schulwerk Himmel‘.

Kapitel 6

Das „Schulwerk“ – und was ist das nun genau?

Das Orff-Schulwerk kennt man in weiten Teilen der Welt, aber dennoch ist es nicht leicht, eine präzise und einfache Definition dessen zu finden, was man darunter verstehen soll. Der Name selbst – Orff-Schulwerk – hilft nicht recht weiter. Michael Kugler folgend (Widmer, 2011, S. 21) bezieht sich die erste Namenshälfte nicht auf die (institutionelle) Schule, sondern auf das Verbum ‚schulen‘, somit auf ein ‚aktives Lernen‘. Es zeigt sich darin eine geistige Nähe zur „Arbeitsschul“-Idee von Georg Kerschensteiner (1854–1932), der in die schulischen Aktivitäten Werkstätten, Küchen und Gärten integrierte und so eine bayrische Form von „Learning by Doing“ praktizierte. Wir finden den Begriff „Schulwerk“ auch bei Paul Hindemith („Schulwerk für Instrumentalspiel“, op. 44, 1927) und bei Erich und Elma Doflein („Geigen-Schulwerk“ 1932–1950). Diese drei „Schulwerke“, so unterschiedlich sie auch sein mögen, haben immerhin gemeinsam, dass das Lernen nicht mit Hilfe von Übungen geschieht, sondern anhand von originalen Kompositionen, die den Kenntnisstand der Lernenden berücksichtigen. Somit sagt der Name „Orff-Schulwerk“ nur, dass es sich um das musikpädagogische Konzept von Carl Orff handelt und löst nicht unser Problem.

Versteht man darunter nur das gedruckte Material der fünf Bände der *Musik für Kinder* (Orff & Keetman, 1950–1954)? Steht es für einen speziellen Unterrichtsstil im Bereich der Musikpädagogik, oder ganz allgemein für unkonventionelles, kreatives Agieren mit Kindern im Bereich von Musik, Tanz und Sprache? Bei solch grundsätzlichen Zweifeln verwundert es nicht, dass es immer wieder Ansätze gegeben hat, nach Kategorien zu suchen, um das Charakteristische des Orff-Schulwerks in einer umfassenden Weise darzustellen.[6]

Auch Carl Orff selbst war offensichtlich bewusst, dass die Umschreibung des Wesenhaften seines Schulwerks sich einer einfachen Definition entzog. So beginnt er seinen vielzitierten Vortrag „Das Schulwerk – Rückblick und Ausblick“ (Orff 2011/1964) im Jahre 1963 mit dieser grundsätzliche Frage, also viele Jahre nachdem seine pädagogischen Vorstellungen bereits Anerkennung in der internationalen Musikerziehung gefunden hatten. Die Antwort, die er gibt, hilft nur mittelbar und lässt Raum für individuelle Deutung: Er weist auf die Entstehungsgeschichte hin (gemeint ist wohl die „Vorgeschichte“ in der Günther-Schule und die konkrete

6 Siehe dazu als Beispiel Regner 2011/1978.

Abb. 5: Carl Orff und Gunild Keetman experimentieren am offenen Flügel (1979).

Umsetzung als Schulfunkprogramm). Dabei verwendet er auch sein viel zitiertes Bild vom Wildwuchs.[7]

Immerhin erfahren wir so, dass das Schulwerk NICHT Ergebnis einer klar durchdachten didaktischen Planung ist und auch ohne Systematisierung bestehen und wirken kann.

In diesem Sinne läge es natürlich nahe, alleine das geschriebene Material von Orff und Keetman, d. h. die berühmten „fünf Bände" inklusive Zusatzmaterial als „Schulwerk" zu bezeichnen. Wenn wir uns jedoch vor Augen halten, dass beispielsweise in einem internationalen Sommerkurs mit namhaften Orff-Schulwerk-Experten diese Stücke nur einen Bruchteil des verwendeten Materials ausmachen können, neben Liedern und Tänzen unterschiedlicher kultureller Provenienz und den eigenen Kreationen der Dozenten bzw. der Teilnehmer, dann greift auch dieser Definitionsversuch zu kurz.

Die künstlerische und ästhetische Qualität der Modelle, die Orff und Keetman geschaffen haben, stehen natürlich außer Zweifel. Dennoch müssen wir zur Kenntnis nehmen, dass die musikalische Wirklichkeit unserer Zeit sich stark gewandelt hat und nicht mehr ausschließlich durch die Musiksprache Orffs und Keetmans repräsentiert werden kann . Doch viel schwerwiegender noch zählt die Tatsache, dass Tanz und Bewegungsabläufe allgemein sich nur sehr mangelhaft im Druck darstel-

7 Die von Margaret Murray verwendete Übersetzung als „wild flower" nähert sich diesem Begriff in sehr euphemistischer Weise, denn das Wort Wildwuchs bezieht auch das Unkraut ein und alles, was aus eigener Kraft so an Zaun und Wegrand seine Existenz behauptet.

len lassen. Folglich bleibt in den besagten Bänden der für das Orff-Schulwerk charakteristische Tanz nur auf ein paar Randbemerkungen beschränkt.

All diese Überlegungen zusammenfassend müssen auch wir einsehen, dass der Begriff „Orff-Schulwerk“ sich einer einfachen Definition entzieht und Gefahr läuft, sich im Nebulosen zu verlieren und zu Missinterpreationen verleiten kann.

Um eine klare und schlüssige Definition zu finden, was man als „Orff-Schulwerk“ bezeichnen kann, muss man den Prozess des Unterrichtens ins Zentrum rücken. Daher bedient sich die hier vorgeschlagene Umschreibung des Begriffs „Orff-Schulwerk“ der charakteristischen Arbeitsform und anderer konstituierender Merkmale, die für einen am Orff-Schulwerk orientierten Unterricht unerlässlich sind. Wir nennen diese Merkmale die „Prinzipien des Orff-Schulwerks“. Selbstverständlich können einzelne dieser Prinzipien auch auf andere musik- und tanzpädagogische Konzepte zutreffen. Von einer dem Orff-Schulwerk entsprechenden Arbeits- und Unterrichtsweise sprechen wir jedoch nur dann, wenn alle diese Charakteristika vorhanden sind und in den Arbeitsprozess einfließen.

1. Im Zentrum steht der Mensch

Dies ist eine Behauptung, die sicher auch andere pädagogische Konzepte für sich in Anspruch nehmen. Daher muss eine nähere Erklärung gegeben werden: Carl Orff geht es darum, dass der Schüler sich als kreativer Mensch erlebt und dadurch in seiner Persönlichkeit wächst. Orff nennt es Menschenbildung. Das Ziel des Orff-Schulwerks ist nicht in erster Linie „Musik und Musiktheorie zu lernen“, um dadurch zum eigenen musikalischen Ausdruck zu kommen. Es geht vielmehr darum, dass der Schüler selbst seine eigene Musik machen kann, um dadurch „Musik zu verstehen“. Dazu sollen die kleinen Musikstücke, Tänze und Lieder in den Orff-Schulwerk-Bänden anregen, sie wollen Modelle sein für das eigene Tun in der Klasse. Der Lehrer hilft im Erarbeitungsprozess natürlich mit, damit der Schüler sich mit dieser „seiner“ Musik identifizieren kann. Man kann es mit dem folgenden Bild beschreiben: Das Orff-Schulwerk will nicht das Kind an die („große“) Musik heranführen, sondern die Musik an das Kind. Wenn ein Kind in der beschriebenen Weise sich als „Musikschaffenden“ erlebt, kann man erwarten, dass es selbst dazu motiviert wird, im Laufe der Zeit ‚die große Welt der Musik in ihrer faszinierenden Vielfalt‘ zu suchen. Das Konzept Orffs und Keetmans heißt: „Musik machen und dabei lernen“ im Gegensatz zum vielfach beschrittenen traditionellen Weg „Lernen um Musik zu machen.“

2. Die soziale Dimension

Die Arbeit in der Gruppe ist die dem Orff-Schulwerk am besten entsprechende soziale Form des Unterrichts. Jeder lernt von jedem, Rivalitäten und Tendenzen des Wettbewerbs sind behutsam zu vermeiden. Dies erfordert ein entsprechendes Lehrerverhalten, denn der Lehrer sollte nicht die herausragende, alles entscheidende Instanz sein. Er weist den Weg und macht Vorschläge. Er gibt den Schülern genügend

Freiraum zum Mitentscheiden und fördert Formen der Kooperation. In der Gruppe lassen sich in arbeitsteiliger Weise sehr gut die verschiedensten Ausdrucksformen in ihrem Zusammenwirken erleben (Tanzen, Musizieren, Singen und Sprechen).

3. Musik ist ein integraler Begriff

„Elementare Musik ist nie Musik allein, sie ist mit Bewegung, Tanz und Sprache verbunden, sie ist eine Musik, die man selbst tun muss, in die man nicht als Hörer, sondern als Mitspieler einbezogen ist" (Orff 2011/1964, S. 147). Daher sind dann, wenn in der Orff-Schulwerksarbeit von (Elementarer) Musik die Rede ist, immer Singen, Tanzen, Instrumentalspiel und Sprechen als gleichwertige, sich ergänzende und verbindende Ausdrucksformen zu verstehen.

Orff kam zu dieser Sichtweise durch wichtige Impulse aus wissenschaftlicher Literatur, besonders durch Curt Sachs („Vergleichende Musikwissenschaft", Heidelberg 1930/1959) und Fritz Brehmer („Melodieauffassung und melodische Begabung des Kindes", Leipzig 1925/1959) (Kugler, 2011, S. 24–26).

Später fand er dieses Zusammenspiel der verschiedenen künstlerischen Aktivitäten im antiken Griechischen Theater realisiert, wo alle Darstellungsformen vom Singen über das Deklamieren, Tanzen, Instrumentalspiel unter dem Begriff „musike techne" zusammengefasst wurden.

Dieser weitgefasste Musikbegriff des Orff-Schulwerks lädt auch dazu ein, den Bogen noch weiter zu spannen und Brücken zu anderen künstlerischen Ausdrucksformen zu schaffen (z. B. zur Bildenden Kunst, Poesie...).[8]

> „Geben wir dem bewegungsnahen Menschen [...], der aus dem erwachten Körpergefühl heraus Bewegung auch sehend nachempfinden kann, Ton zum Formen in die Hand, so werden selbst bei noch geringer Übung schon recht bewegungsnahe und unmittelbare kleine Plastiken entstehen. Ebenso wird es sein, wenn wir ihm zu einer einfachen Stifttechnik verhelfen; die Bewegungsbilder werden zeichnerisch verhältnismäßig rasch Leben gewinnen [...] Vor allem – mit der eigenen Sicherheit erwacht das Interesse an fremder Formung, man sieht, hört, spürt wach in andere Gebiete und ein aufrichtiges Interesse erwächst für das Kunstschaffen, das nicht aus äußeren Bildungsgründen entstanden ist" (Günther, 2011/1932, S. 91).

4. Kreativität in Improvisation und Komposition

Kreativität wird in der westlichen Musikrezeption meist nur herausragenden Personen zugestanden: Komponisten als „Musikschaffende" und Musikern, die in meisterlicher Form zu improvisieren verstehen. Damit wird die Kreativität in der musikalischen Entwicklung einer Person sehr spät „zugestanden", gleichsam als Vervollkommnung eines Musikers. Die überwiegende Mehrheit der aktiv Musizierenden (abgesehen vom Bereich des Jazz und teilweise der Volksmusik) bewegt sich folglich „nur" im Bereich des Reproduzierens. Im künstlerischen Tanz zeigt sich eine

8 Barbara Haselbach im Gespräch am 8.2.2017.

vergleichbare Entwicklung: Improvisatorische Mitarbeit wurde erst in der zweiten Hälfte des 20. Jahrhunderts eine anerkannte Arbeitsweise der Choreographie.

Orff wollte den umgekehrten Weg gehen: Das Musizieren sollte aus dem Improvisieren heraus entstehen. Die Schüler sollten von Anfang an kreatives Handeln erleben können, sei es in einer eigenen Improvisation auf einem Xylophon im Dreitonraum, beim Finden einer Schrittfolge zum Tanz einer gegebenen Melodie, in einer Bewegungsimprovisation oder in einer persönlichen Ausgestaltung eines Textes (siehe dazu auch die beiden Artikel im Anhang des Buches).

5. „Prozess und Produkt" – Das Zusammenspiel von Erarbeitung und künstlerischem Ergebnis

Vergleichen wir die Arbeitsweise von professionellen Musikern und Tänzern mit der Arbeit in der Musikerziehung, so zeigt sich ein wesentlicher Unterschied: Im professionellen Bereich geht es meistens allein um die Vorbereitung einer möglichst optimalen Aufführung, die Probephase wird so kurz und effizient wie möglich gehalten. Ein Musikerzieher, der im Unterricht in der gleichen Weise denkt und arbeitet, begeht einen schwerwiegenden Fehler: In der Schulklasse besitzt die Erarbeitung ein besonderes Gewicht, es ist die Phase des Lernens. Sie erwartet vom Lehrer eine genaue Vorplanung. So sollte immer genügend Zeit eingerechnet sein, damit die Schüler eigene Ideen einbringen und teilweise auch ausprobieren können, um dabei persönliche Erfahrungen sammeln. Hier ist das methodische Geschick des Lehrers gefordert. Bei der Verwendung des Begriffs „Methode" im Zusammenhang mit dem Orff-Schulwerk kommt es teilweise zu Missverständnissen: Wenn man – zurecht[9] – behauptet, dass das Orff-Schulwerk keine Methode sei, auch wenn es in manchen Ländern im Sprachgebrauch so genannt wird,[10] so kommt das Orff-Schulwerk dennoch nicht ohne gute methodische Durchführung aus.

Wir sprechen beim Orff-Schulwerk von einem „prozessorientierten Unterricht". Dabei ist gemeint, dass die Zielstellung soweit offen ist, dass die Anregungen und kreativen Beiträge der Schüler in das Ergebnis Eingang finden. Eine Unterrichtsstunde, in der lediglich das vom Lehrer vorgegebene Unterrichtsziel erreicht wird, z. B. ein genau festgelegtes mehrstimmiges Instrumentalstück oder eine vom Lehrer vorgegebene Tanzform, kann man nur dann als „Orff-Schulwerk-Stunde" bezeichnen , wenn diese lehrergeführte Einheit in vorgehenden oder folgenden Stunden von entsprechenden kreativen Phasen begleitet wird. Eine Unterrichtsarbeit, bei der das kreative Potential der Schüler nicht gefordert und gefördert wird, kann man kaum als Orff-Schulwerksarbeit bezeichnen.

Ein solcher Unterrichtsprozess macht natürlich nur dann Sinn, wenn es zu einem abschließenden Ergebnis kommt, zu einer Präsentation der abgeschlossenen Arbeit, sei es im Klassenzimmer oder in besonderen Fällen in einer Aufführung

9 Das Orff-Schulwerk kennt keinen offiziell festgelegten didaktischen Aufbau und keine normierte Methode. Seine praktische Umsetzung im Unterricht liegt alleine in der Hand des Lehrers.

10 „Orff Method" oder „Método Orff".

für andere (oder aber, dass dies wenigstens geplant ist). Man muss verstehen: Kreativität ist auf der einen Seite die Suche nach Lösungen, auf der anderen Seite gilt es auch Entscheidungen zu treffen, um die Version auszuwählen, die als endgültige Form gelten soll. Arbeitsprozess und Resultat: Der pädagogische Weg und das (dem Niveau und Vermögen der Schüler entsprechende) künstlerische Ergebnis sind im Orff-Schulwerk nicht voneinander zu trennen.

6. Die sogenannten „Orff-Instrumente" – ein einzigartiges, kindgerechtes „Orchester"

Einen vollkommen neuen musikpädagogischen Ansatz brachte der Einsatz von kleinen, einfach zu handhabenden Perkussionsinstrumenten einschließlich der Stabspiele (Xylophon, Metallophon und Glockenspiel) im Musikunterricht. So wurde das Xylophon vielfach zum visuellen Markenzeichen des Orff-Schulwerks. Dabei glauben leider manche, dass der Einsatz des von Carl Orff zusammengestellten Schlagwerks schon genügt, um eine musikerzieherische Aktivität als Orff-Schulwerk zu charakterisieren. Carl Orff war sich dieser Gefahr bewusst.[11]

Bei einer oberflächlichen Betrachtungsweise wird ein wesentlicher Aspekt dieses „elementaren Instrumentariums" außer Acht gelassen: Es sind Instrumente, die auf Grund der einfachen Klangerzeugung aus dem Spielen heraus erlebt und erfahren werden können. Somit ist der kreative Umgang von Anfang an möglich und es müssen nicht zuerst spieltechnische Hürden überwunden werden, um die Freude am instrumentalen Musizieren zu erleben. Zum anderen stellt der Einsatz dieses „bewegungsentstammenden Instrumentariums" (Haselbach, 2011, S. 103) eine ideale Verbindung zu Bewegung und Tanz dar.

7. Das Orff-Schulwerk ist einsetzbar in allen Bereichen der Musik- und Tanzpädagogik

Bei der zweiten Geburt des Orff-Schulwerks als Schulfunkprogramm (Erstsendung am 15. September 1948 im „Radio München", heute Bayerischer Rundfunk) war die Zielgruppe genau festgelegt: Das Orff-Schulwerk sollte in der Grundschule in Orffs Heimat Bayern Eingang finden. Heute geht es nicht mehr alleine um die Grundschule: So ist das Schulwerk aus der Musikalischen Früherziehung kaum noch wegzudenken; ebensowenig aus dem Bereich der therapeutischen Arbeit, der inklusiven Pädagogik und der Arbeit mit Senioren. Selbstverständlich erfordert jedes dieser Arbeitsfelder eine ihm adäquate Auswahl des Materials und der Aktivitäten. Dass auch im Bereich der Sekundarstufe im Stile des Orff-Schulwerks weitergearbeitet werden kann, zeigen die vorgestellten Musikstücke in den Bänden 4 und 5 der *Musik für Kinder*, ebenso die zahlreichen Ergänzungsbände, als Beispiel stehen für viele die *Paralipomena* (Haselbach, 2011, S. 103). Die Brücke zur Anwendung im Instrumentalbereich bieten Orffs Klavier- und Geigenübun-

11 „Jedoch kann nicht verschwiegen werden, welch verheerender Unfug mit diesen primitiven Instrumenten getrieben wird". Orff, 2011/1932a, zit. n. Haselbach, 2011, S. 103.

gen (Orff 1934a und b). (Siehe dazu auch Kapitel 10 über das Orff-Schulwerk und den Instrumentalunterricht).

8. Das Orff-Schulwerk lässt sich auch in andere Kulturen übertragen

Orffs und Keetmans musikpädagogisches Konzept blieb nicht nur auf Bayern beschränkt: So begann die internationale Verbreitung schon kurze Zeit nach der ersten Ausstrahlung der Schulwerksendungen im Radio. Musikpädagogen aus anderen Ländern (beginnend mit Kanada, Japan, Großbritannien, Argentinien) erkannten, dass die musikpädagogischen Ideen Orffs und Keetmans auch in ihren Ländern angewendet werden konnten. Voraussetzung dazu ist allerdings, dass Lieder, Tänze und Texte dem jeweiligen Kulturraum entnommen werden müssen. Orff selbst hat auf diese notwendigen Modifikationen hingewiesen.[12]

Das Orff-Schulwerk lebt aus der Veränderung. Doch müssen etwaige Erweiterungen, Modifikationen und Ergänzungen in behutsamer und bewusster Weise geschehen. Dies setzt Kenntnis und tiefes Verständnis für Carl Orffs pädagogisches Werk voraus. Nur so ist zu erwarten, dass diese hier dargestellten grundlegenden Prinzipien in ihrer Gesamtheit erhalten bleiben. Die Verantwortung zur Weiterarbeit hat Orff all denen übertragen, die heute das Orff-Schulwerk in ihre musikpädagogische Arbeit einbeziehen möchten. So lässt sich jedenfalls der Schlusssatz der hier mehrfach einbezogenen Rede „Das Orff-Schulwerk – Rückblick und Ausblick" verstehen. Carl Orff schließt mit einem Schiller-Zitat, dem Halbsatz: „Ich habe das Meinige gethan..."[13]

12 „Wenn ihr's im Ausland macht, müsst ihr wieder ganz von dem ausgehen, was diese Kinder erleben. Und die in Afrika erleben was anderes als die in Hamburg oder in Stralsund, etwas anderes als in Paris – und in Tokyo wieder etwas anderes" (Carl Orff im Jahre 1975 im Rahmen eines Rundfunkinterviews mit Hermann Regner).

13 Orff, 2011/1964, S. 135 („Tun Sie das Ihrige", so würde das *Don Carlos*-Zitat weitergehen).

Kapitel 7

„Niemals endgültig und abgeschlossen… – Im Werden, im Fluss“ Die Musik des Schulwerks

Obwohl das Echo auf die Ausstrahlung der Schulwerk-Radioprogramme von Anfang an erstaunlich groß war, gab es doch ein Problem. Die Sendungen gingen schnell vorüber und die Lehrer hatten noch nicht die Möglichkeit, die Programme mitzuschneiden. Sie verfolgten zwar mit ihren Schülern die Radioübertragungen, aber sie verfügten über keinerlei schriftliches Material, das die gesendeten Musikabläufe unterstützte. Im Jahr 1950 begann der Verlag Schott in Mainz schließlich, die in den Rundfunkaufnahmen verwendeten Musikstücke zu veröffentlichen.

Aber die Lehrer, die methodische Hilfen oder gar didaktische Richtlinien erwarteten, wurden enttäuscht. Orff und Keetman sahen keine Notwendigkeit für weitere Erklärungen, da sie das gedruckte Material lediglich als Ergänzung zu den Radiosendungen ansahen. Die beiden Autoren ordneten die große Anzahl von losen Manuskripten und Partiturblättern nach rein musikalischen Kriterien – ohne auf die Reihenfolge Rücksicht zu nehmen, in der sie im Ablauf der Sendungen erschienen waren. So entstanden die fünf Bände:

Band I: Im Fünftonraum
Band II: Dur: Bordun-Stufen
Band III: Dur: Dominanten
Band IV: Moll: Bordun-Stufen
Band V: Moll: Dominanten

Die Tatsache, dass die Stücke im ersten Band meist einfacher sind als in den folgenden Bänden, folgt lediglich dem grundsätzlich logischen Denken, das dazu rät, mit etwas Einfachem zu beginnen. Dahinter das Konzept eines strukturierten Lehrprogramms zu sehen wäre nicht zutreffend.

Die ersten drei Stücke sind Zweiton-Melodien mit den Noten g und e. Die fallende kleine Terz scheint der gleiche Ausgangspunkt zu sein wie im Konzept von Kodály. Aber diese scheinbare Ähnlichkeit zeigt im weiteren Verlauf den grundsätzlichen Unterschied: Während bei Kodály das Intervall der kleinen Terz die Kerneinheit für ein streng durchdachtes System darstellt mit klar gegliederten methodischen Abfolgen, fehlt im Schulwerk jegliche tiefer gehende Systematisie-

Abb. 6: Carl Orff und Gunild Keetman über eine Partitur gebeugt (1981).

rung. So ist auch nicht verwunderlich, dass die den anfänglichen Rufmelodien folgenden Stücke von unterschiedlichem technischen und musikalischen Niveau sind. (Hätten Orff und Keetman bei der Veröffentlichung des musikalischen Materials wirklich an ein didaktisches Konzept gedacht, wären komplexe Stücke wie Nr. 38 auf den Seiten 141–145 im ersten Band völlig fehl am Platz.)

Die rein musikologisch strukturierte Sammlung von Musikstücken, Liedern und Tänzen unter dem Titel „Orff-Schulwerk – Musik für Kinder" half Lehrern nicht bei der Frage, welche Stücke sie für ihre Klassenarbeit auswählen sollten. Jeder, der in einem Schulsystem arbeitet, hat didaktische Richtlinien zu erfüllen, aber in Bezug auf das Orff-Schulwerk liegt es vollkommen in der Hand jedes einzelnen Lehrers, den Einklang mit dem Lehrplan seiner Schule herzustellen. Orff und Keetman hatten niemals im Sinn, diese Didaktisierung als ihre Aufgabe anzusehen. Carl Orff dazu ganz klar: „Reine Systematiker haben meist keine rechte Freude daran, künstlerisch veranlagte, temperamentvolle Improvisierer dafür umso mehr" (Orff, 2011/1964, S. 135).

Eine ähnliche Hürde und Quelle der Fehlinterpretation ergab sich für viele bei der grundsätzlichen Einschätzung der Stücke und Lieder. Viele Lehrer „musizierten" sie einfach, d. h. sie ließen sie spielen, wie sie notiert waren, obwohl sie lediglich als Beispiele für mögliche Improvisationen der Schüler gedacht waren, „eine grundsätzliche, geradezu klassische Fehldeutung, die das OSW bis heute verfolgt" (Kugler 2000, S. 243). 1954 brachte der Schott-Verlag Wilhelm Kellers *Einführung in „Musik für Kinder"* heraus, ein „Erklärbuch", das dazu beitragen sollte, Orffs und Keetmans Gedanken besser zu verstehen. Aber die Ausführungen sind sehr allgemein gehalten, wohl im Einklang mit Orffs Abneigung vor einer zu starken didaktischen Lenkung.

Die *Musik für Kinder* ist weder Schulbuch noch ist es ein Manual mit methodischen Hilfen für das Erarbeiten einzelner Stücke, Tänze und Lieder. Carl Orff macht immer wieder darauf aufmerksam:

> „... so entstand das Schulwerk aus Ideen, die in der Zeit lagen und die in meiner Arbeit den ihnen gemäßen Boden fanden. Das Schulwerk entstand nicht aus einem vorbedachten Plan – einen so weitreichenden hätte ich mir gar nicht erdenken können –, sondern aus einer Notwendigkeit heraus, die ich als solche erkannte" (Orff, 2011/1964, S. 134).

Und im Vorwort des letzten der fünf Orff-Schulwerk-Bände weist er nochmals hin auf die Offenheit und Unvollständigkeit seines Schulwerks:

> „Arbeitserfahrungen von nahezu drei Jahrzehnten sind hier niedergelegt. Dennoch musste notgedrungen dieser erste grundlegende Versuch der Aufzeichnung Fragment bleiben. Vieles konnte nur angedeutet werden, zahlreiches Material und Querverbindungen aller Art mussten unberücksichtigt bleiben, um der Gefahr der Zersplitterung zu entgehen, und die Einheit des Gesamtaufbaus nicht zu stören.
> Nachfolgenden Lehrmeistern sei das Werk Anregung und Ausgangspunkt, das für die Jugend entworfen und ihr zugeeignet ist." (Orff & Keetman, 1954, Bd. 5, Vorwort)

Und noch einmal:

> „Immer will das Schulwerk in jeder seiner Phasen Anregungen zum selbständigen Weitergestalten geben; so ist es niemals endgültig und abgeschlossen, sondern immer in der Entwicklung, im Werden, im Fluss" (Orff, 2011/1964, S. 135).

Mit diesen geradezu bescheidenen Worten sieht sich Carl Orff lediglich als den Geber des Ausgangsimpulses seines pädagogischen Konzepts. Er lädt die Lehrer dazu ein, das von ihm gegebene musikalische Material zu ergänzen und sogar zu verändern, gemäß dem Alter der jeweiligen Schüler, aber auch bezüglich des jeweiligen kulturellen Umfelds. Aber er fügt dieser Einladung zur Weiterentwicklung sofort eine grundlegende Sorge an:

> „Hierin liegt natürlich auch eine große Gefahr, die Gefahr der Entwicklung in eine falsche Richtung. Selbständiges Weiterführen hat zur Voraussetzung gründliche fachliche Schulung und unbedingtes Vertrautsein mit dem Stil, den Möglichkeiten und Zielen des Schulwerks" (Orff, 2011/1964, S. 135).

Daher sollte man zuerst das originale Material kennen und verstehen, das Orff und Keetman in den fünf Bänden *Musik für Kinder* in den Jahren 1950–1954 veröffentlichten, bevor man sich daran macht, neues musikalisches Material auszuwählen, das im Sinne des Schulwerks verwendet werden kann.

Die Hauptsubstanz des Schulwerks sind die große Zahl von Kinderreimen, Liedern, Rätseln und Auszählversen. Wir können annehmen, dass Carl Orff viele der Verse mit seiner eigenen Kindheit verband – nicht zuletzt wegen des bayrischen Dialekts. Carl Orffs Freund und Ratgeber Werner Thomas bezeichnete einmal in einem Interview für eines meiner Radioprogramme die Volksdichtungen und Lieder, die ihren Wert aus vergangener Zeit bewahrten, als „Altgold".

Auch ohne didaktisch-theoretische Verankerung lädt das Schulwerk zum Üben ein. Vorlagen dazu erscheinen zwar nur im ersten und im letzten Band, aber deren Bedeutung wird auch in den dazwischenliegenden Bänden betont:

- In den Bänden II und III: „Die vielfältigen Formen der ‚Rhythmischen Übung' des I. Bandes müssen entsprechend zur Ergänzung herangezogen werden" bzw. „Die ‚Ryhthmisch-melodische Übung' des I. Bandes muss hier wiederum aufs neue ausgewertet werden" (1951 bzw. 1952, ohne Seitenzahl).
- Im Band IV: „Die ‚Rhythmisch-melodische Übung' des V. Bandes soll hier bereits herangezogen werden" (1953, ohne Seitenzahl).

Bemerkenswert ist, wie nüchtern diese Aktivitäten aufgelistet sind (auch daran sieht man, dass die fünf Bände ausschließlich für die Hand des Lehrers gedacht waren). Man betrachte als Beispiel die „Ostinatoübung für Stabspiele"auf Seite 100/101 im ersten Band. Da sind 95(!) Variationen aufgelistet, wie man mit den Tönen c und g im Vierertakt den Bordun gestalten kann (es folgt auf den nächsten Seiten die gleiche Menge für den Dreiertakt). Lehrer, die annehmen, sich durch all diese Optionen arbeiten zu müssen, werden wohl bald verzweifeln und aufgeben. Orff und Keetman wollten damit lediglich zeigen, welche Möglichkeiten an Ostinatofiguren es mit diesen beiden Borduntönen gibt. Dem Lehrer ist es überlassen, mit seinen Schülern einige (!) dieser Varianten in einer kreativen Weise zu finden.

Bei der Analyse der Textinhalte mögen manche der Reime und Lieder in den Orff-Schulwerkbänden erstaunen, vielleicht sogar befremden. Band IV beginnt mit:

Bet' Kinder, bet'!
Morgen kommt der Oxenstern,
Morgen kommt der Schwed!
wird die Kinder beten lern!

(Orff&Keetman, 1954, S. 1)

Es ist ein Kinderlied, das gedanklich auf die Zeit des Dreißigjährigen Kriegs zurückreicht. In diesem Sinne ungewöhnliche Reime finden sich bereits im ersten Band:

Rumpedibum,
mit Händ und mit Füss,
hat d'Fenster eingschlagen,
hat Kugeln draus gossn
der Kaiser schlagt um,
mit feurigem Spiess,
hats Blei davontragn,
und d'Bauern erschossen

(Orff & Keetman, 1950, S. 27)

Es sind nur wenige der Texte, die sich auf kriegerische Handlungen beziehen, aber es sind Fragen erlaubt, inwieweit diese Texte für den Schulgebrauch geeignet sind. Wir wissen, dass im Jahr 1948, als das Schulwerk-Programm im Radio anlief, der Krieg gerade zuende war und die letzten Kriegsjahre den Kindern sicher noch in Erinnerung waren. Das heißt, die angesprochene Thematik hatte indirekt doch einen realen Bezug. Aber auch aus heutiger Sicht gedacht besitzen diese Texte eine gewisse Relevanz: Fast täglich sind Kriegsereignisse in den TV-Nachrichten zu sehen und Videospiele mit kriegerischem Szenario sind weitverbreitet. Warum also nicht den Schrecken des Krieges für die Zivilbevölkerung in einer historisierenden Distanz künstlerisch aufarbeiten; vorausgesetzt man tut dies in einer pädagogisch verantwortlichen Weise mit Schülern in einem entsprechenden Alter.

Orffs Quelle dieser Texte und „Fundgrube" weiterer Gedichte und Lieder des Schulwerks war „Des Knaben Wunderhorn. Alte deutsche Lieder", eine Liedertextsammlung der Dichter Achim von Arnim und Clemens von Brentano, erstveröffentlicht 1805. Abgesehen von pädagogischen Fragen zeigen diese Texte wiederum Orffs starke Verbindung mit der Geschichte, aber auch sein Denken als Künstler, das ihm erlaubte, seine eigenen Grenzlinien zu ziehen, mitunter auch zu provozieren.

Eine weitere der vielen Stellen, die die künstlerische Substanz des Schulwerks verdeutlichen, ist das Musikstück „Johann, spann an" (Orff & Keetman, 1954, S. 16). Wir sehen förmlich, wie hier die Hexen auf ihrer von Katzen gezogenen Kutsche zu ihrem Jahrestreffen auf den Blocksberg hinauffahren. Wir spüren hier die elementare Kraft dieser Szene, die einige Seiten später ein Echo findet in der musikalischen Vertonung des „Hexen-Einmal-Eins" aus Goethes *Faust* (ebd., S. 124):

Du musst verstehn! Aus Eins mach Zehn
Und Zwei laß gehn,
und Drei mach gleich, so bist du reich.
Verlier die Vier! Aus Fünf und Sechs, so sagt die Hex,
mach Sieben und Acht, so ist's vollbracht:
Und Neun ist Eins, und Zehn ist Keins.
Das ist das Hexen-Einmaleins.

Es ist die Authentizität, somit das im tiefsten Sinne Künstlerische, das das Orff-Schulwerk definiert. Da findet sich nichts, das süßlich-kitschig für Kinder zurecht gemacht ist. Dies ist zu bedenken, wenn man das Schulwerk durch eigenes Material erweitern möchte. Zwar kann man über Geschmack bekanntlich nicht streiten, aber wir sollten die Verantwortung spüren, wenn wir neue Inhalte in die Schulwerksarbeit einbringen. Carl Orff machte klar, dass das Schulwerk niemals als komplett und abgeschlossen angesehen werden soll, aber dieses Weiterwachsen muss auf seiner zugrundegelegten künstlerischen Ästhetik geschehen. Nur so bleibt seine ursprüngliche Identität erhalten.

Kapitel 8

Einladen zum Kreativ sein – das Schulwerk unterrichten

Was macht einen „guten Lehrer" aus? – Es ist immer wieder interessant, mit Schülern diese „Urfrage" zu diskutieren. Bemerkenswerterweise sind die Antworten und Kommentare alle auf der gleichen Linie, ob man dieses Thema mit Kindern im Schulalter oder mit erwachsenen Studenten der Pädagogik, d. h. angehenden Lehrern behandelt. Immer wieder zu hören ist: Lehrer „sollten sich in ihre Schüler einfühlen können", „sollten ausreichend Geduld zeigen", „sollten nicht zeigen, wen unter den Schülern sie besonders mögen und wen nicht", „sollten nicht launisch sein". Das fachliche Können spielt in solchen Diskussionen erstaunlicherweise nur eine Nebenrolle, falls es überhaupt angesprochen wird. All das zeigt, wie wichtig es ist, dass der Lehrer zu den Schülern einen vertrauensvollen Kontakt hat; dass er weiß, „wem er gegenübersteht"; dass er das Interesse seiner Schüler kennt und berücksichtigt und in menschlicher Weise auf ihre Defizite reagiert. Ganz sicher gibt es die sogenannten „geborenen Lehrer" – Personen, die dank ihres Naturells und ihrer Erziehung anderen gegenüber bevorzugt sind. Lakonisch gesagt: Gut für die Schüler und auch für den Lehrer selbst, wenn alles ganz von alleine und intuitiv in den richtigen Bahnen läuft. Aber viel wichtiger ist die Tatsache, dass ‚Gutes Unterrichten' – einschließend ein Fach, das die Kreativität der Schüler ins Zentrum stellt – gelernt werden kann. Voraussetzung sind eine gute Vorbereitung, ein gewisses Einfühlungsvermögen und die Fähigkeit zur Selbstreflexion. Das Sprechen mit Schülern und Kollegen kann auch dazu beitragen, in die Rolle eines „guten Lehrers" hineinzuwachsen. Im Idealfall müssen zwei Komponenten gut ausgeprägt sein:

- Fachliches Wissen im Zusammenspiel mit musikalischen Fertigkeiten im instrumentalen, vokalen und tänzerischen Bereich
- Fähigkeit der Vermittlung von Wissen und Fertigkeiten

Dieses Zusammenspiel der Komponenten nennen wir „Lehrkompetenz". Sie sollte bei Lehrern in allen Unterrichtssystemen so hoch wie möglich sein, aber im Zusammenhang mit Schülern in einem Anfangsstadium oder solchen mit Lernschwierigkeiten ist die höchstmögliche Lehrkompetenz von ausschlaggebender Bedeutung.

Dieser Lehrkompetenz steht auf Seiten der Schüler eine Fähigkeit mit komplementärem Charakter gegenüber, wir nennen sie Lernkompetenz. Bei allen individuellen Unterschiedlichkeiten der Schüler kann man allgemein sagen, dass die Lernkompetenz von kleinen Kindern, von Personen mit Lernschwierigkeiten oder von Menschen in einem Anfangsstadium von geringerer Größe ist, da ihr System der „Katalogisierung“ des ankommenden, neuen Wissens noch nicht sehr strukturiert ist bzw. sich im Anfangsstadium befindet. Daher braucht etwa ein Anfänger auf einem Instrument klare und anschauliche Anweisungen und eine gehörige Portion Geduld, während ein fortgeschrittener Schüler schon eher weiß, worauf es ankommt. In einer extremen Form ist dies in einer Meisterklasse in einem Konservatorium zu beobachten: Es ist sozusagen ein fachlicher Austausch zwischen einem sehr erfahrenen Meister und einem jüngeren Kollegen, der schon ganz gut weiß, worauf er achten muss, was zu übernehmen ist und was in einer individuellen Weise adaptiert werden kann. Eine hohe Lehrkompetenz ist sicher auch hier hilfreich und wünschenswert, aber nicht ausschlaggebend (und bei manchem großen Meister auch gar nicht vorhanden!).

Daher kann man sagen: Je geringer die Lernkompetenz seitens der Schüler, umso höher sollte die Lehrkompetenz sein (siehe Graphik). Wenn die Lernkompetenz groß ist, ist die Lehrkompetenz nicht so maßgebend (wir kennen das aus der Schulerfahrung: Gute Schüler haben bessere Chancen, einen schwachen Lehrer, d. h. mit niedrigerer Lehrkompetenz, zu „überleben“).

Lehrkompetenz

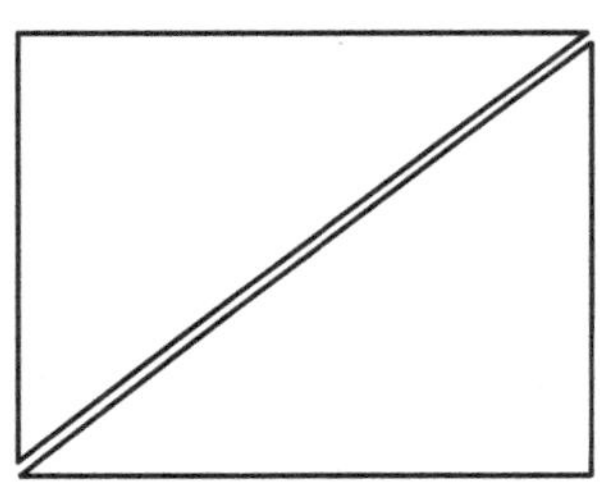

Lernkompetenz

Setzen wir im Folgenden das musikalische Wissen und die Kompetenzen als ausreichend vorhanden voraus und konzentrieren uns auf den Prozess des Lehrens. Schülern, die eine gut konzipierte Unterrichtsstunde erleben, bleibt gemeinhin verborgen, wieviel an Überlegung, Entscheidungen und Ablaufplanung nötig ist, um eine Unterrichtsstunde so zu gestalten, dass sie spielerisch und in Leichtigkeit abläuft. Der Didaktiker Paul Brunnhuber hat in seinem Buch „Prinzipien effektiver Unterrichtsgestaltung“ die zentralen Kriterien dargelegt, die ein Lehrer beachten muss, um einen gewinnbringenden Unterrichts zu erzielen:

a. Zielorientierung
b. Motivierung
c. Strukturierung
d. Aktivierung

e. Angemessenheit
f. Leistungssicherung und -kontrolle

Diese Unterrichtsprinzipien können in der Nachbereitung des Unterrichts auch als „Checkliste“ dienen, um gelungene Phasen und weniger glückliche Momente im Unterrichtsablauf zu analysieren und reflektieren.

a) Zielorientierung

Jede Lehrhandlung geschieht in der Absicht, ein bestimmtes, definiertes Ziel oder eine Gruppe von vernetzten Zielen zu erreichen oder zumindest anzustreben. Folgende Beispiele können Ziele für Musiklehrer darstellen: Tonreines Singen fördern, Gestalten eines Bewegungsablaufs oder eines Tanzes zu einer gegebenen Musik, Musik zu einem Bild erfinden oder eine Geschichte zu einer gegebenen Musik ausdenken. Ein Ziel anstreben bedeutet nicht, dass man am Ende einer Unterrichtsstunde ein perfektes Ergebnis erreicht haben muss. Oftmals ist eine genau festgelegte Planung sogar hinderlich, um kreativen Prozessen genügend Raum zur Entfaltung zu bieten. Der Lehrer muss bedenken, dass in derselben Unterrichtsstunde verschiedenartige Zielformen bedient werden können, z.B. intellektuelle, emotionale, soziale, motorische, rhythmische... Ziele. Jegliche positive Entwicklung hin zu einem dieser Ziele sollte als Erfolg angesehen werden.

b) Motivierung

Es liegt in der Natur von Orff-Schulwerk-Stunden, dass Schüler zur aktiven Teilnahme motiviert sind. Ein spielorientierter Anfang ist dabei sehr hilfreich. Manche Lehrer glauben, dass Wettbewerbsformen zur Motivation beitragen. Dies ist jedoch ein gefährliches, zumindest zweifelhaftes Hilfsmittel. Zu oft führt es weg von der Arbeit und konzentriert sich auf die Person des „Siegers“. Sehr schnell führt es zu einem „Ranking“ und wenn sich nach mehreren solcher Herausforderungen schließlich eine Rangordnung stabilisiert hat, ist eine unvoreingenommene Motivation nicht mehr möglich.

Wettbewerb und Kreativität haben eine sehr problematische Beziehung. Wettbewerbe sind gerechtfertigt in der professionellen Welt, im Bereich der Pädagogik sollten sie vermieden werden.

c) Strukturierung

Ob ein Lehrvorgang erfolgreich ist oder nicht, hängt stark davon ab, in welcher Unterrichtsphase eine neue Information präsentiert wird. Daher muss die Unterrichtsplanung gut das Timing innerhalb der Stunde bedenken. Es wäre kontraproduktiv, den wichtigsten und komplexesten Stoff in der Anfangsphase zu behandeln, wenn sich noch nicht alle Beteiligten mental zentriert haben. Ihn an das Ende zu stellen, wenn Konzentration und Aufmerksamkeit zu schwinden beginnen, wäre ebenfalls nicht sinnvoll. Es ist daher ratsam, die Unterrichtsplanung nach einem gegebenen Grundschema vorzunehmen:

- Eröffnungsphase (Spiel als Einstimmung, ein Lied, ein Tanz, ein Rhythmusspiel...)
- Hauptphase (Erarbeitung eines Tanzes, eines Instrumentalstücks, Erstellen einer graphischen Notation, kreative Umsetzung einer gehörten Musik...)
- Schlussphase (Gespräch über das Resultat der Hauptphase, Vorschau auf kommende Aktivitäten...)

d) Aktivierung

Es ist einer der Vorzüge des Orff-Schulwerks, dass es eine Vielzahl an Aktivitätsformen bietet, die man einsetzen kann, um an einer bestimmten Idee oder einer Spielfertigkeit zu arbeiten. Singen, Tanzen und Instrumentalspiel sind dabei die wesentlichen Pfeiler der Arbeit. Es wäre allerding irrig zu denken, dass alle drei Aktivitätsformen anteilsmäßig gleich in jeder Unterrichtseinheit vorkommen sollten. Der Lehrer sollte sich aber bemühen, eine Mischung von Arbeitsformen anzubieten, die das Interesse der Schüler findet und somit ermöglicht, das vorgegebene Stundenziel in verschiedenartiger Form zu verstehen.

Das Orff-Schulwerk bietet folgende Formen der Aktivität:

- Tanz
- Instrumentalspiel
- Musikhören
- Improvisation, Komposition, Tanzgestaltung
- Gespräch und Sprachgestaltung
- Traditionelle und grafische Notation

e) Angemessenheit

Unterrichten bedeutet für den Lehrer eine permanente Folge von Aktionen verbunden mit Entscheidungen, die den weiteren Unterrichtsfortgang bestimmen. Dabei geht es ständig um die Frage, was passend und der Situation angemessen ist. „Bietet das Stück zu große Schwierigkeiten?“ – „Ist meine Antwort auf den Kommentar eines Schülers für ihn verständlich?“ „Wäre jetzt ein Aktivitätswechsel notwendig?“ Endlos ist die Kette solcher Überlegungen, schließlich hängt der Ertrag einer Unterrichtsstunde davon ab, inwieweit die einzelnen Entscheidungen richtig waren oder sich im Gegenteil negativ auf das Ergebnis auswirken.

Die Frage der Angemessenheit stellt sich in den verschiedensten Bereichen:

a) ... im musikalisch-fachlichen Bereich
(richtig gewählte Singhöhe, rhythmische Genauigkeit, korrekte Informationen...)

b) ... bezüglich der Schüler/Studenten
(angemessene Schwierigkeit der Musikstücke und Tänze, Einschätzung des angemessenen intellektuellen Niveaus...)
c) ... bezüglich der verwendeten Sprache
(sämtliche Sprachparameter: Tempo, Lautstärke, Wortwahl...)

Die Angemessenheit muss in allen Bereichen gewährt sein, um gute Lernerfolge zu erzielen. So muss z. B. ein Lied, das inhaltlich und musikalisch ansprechend ist, abgelehnt werden, wenn es zu große singtechnische Anforderungen stellt; oder wenn ein Liedbegleitsatz zwar leicht zu bewältigen wäre, aber musikalisch fehlerhaft ist, etwa wenn ein Bordun durchgehalten wird, wo ein Akkordwechsel erforderlich wäre.

f) Leistungssicherung und -kontrolle

Es ist unbedingt erforderlich, dass der Lehrer ständig über das „Innenleben" seiner von ihm unterrichteten Gruppe Bescheid weiß. Haben die Schüler verstanden, was von ihnen zu tun erwartet wird? Gibt es einzelne Schüler, die Schwierigkeiten haben? Gibt es Schüler, die sich abgelenkt fühlen, oder solche, die andere von der Arbeit abhalten? Hat jeder die passenden Schlägel für sein Stabspiel? Sitzen die Schüler so, dass sie den Lehrer gut sehen können? Es gibt hundert Dinge mehr, die es zu beachten gilt.

Es kostet viel Energie, alle und alles zu beobachten und dabei das Unterrichtsthema nicht aus dem Auge zu verlieren. Man kann diese Aufgabe des Lehrer in einen bildhaften Vergleich bringen: Lehrer müssen gleichzeitig „Leuchtturm" und „Bühnenspot" sein. Einerseits muss ihr Blick ständig über die ganze Klasse schweifen und darüberhinaus sollten sie auch das sehen, was eine besondere Aufmerksamkeit benötigt.

Wie schon erwähnt können Brunnhubers Prinzipien zur Unterrichtsgestaltung auch als Checkliste für die Nachbereitung der Unterrichtsstunde dienen. Dann muss man jeden Punkt in eine Frageform bringen:

a) Zielorientierung

- Was haben die Schüler in dieser Stunde gelernt?
- Welche Fähigkeiten und Fertigkeiten wurden verbessert?
- Gab es Schüler, denen nicht klar war, woran zu arbeiten war?

b) Motivierung

- Zeigten die Schüler Interesse an den verlangten Arbeiten?
- Womit hat der Lehrer versucht, das Interesse am Thema zu erreichen?
- Hat die Motivation bis ans Ende der Stunde durchgehalten?

c) Strukturierung

- War die Hinführung zum Hauptthema eine stimmige Vorbereitung?
- War das Stundenende ein sinnvoller Abschluss?
- Gab es einen Zeitverzug, der dazu führte, dass wesentliche Informationen nicht vermittelt werden konnten?

d) Aktivierung

- In welchen unterschiedlichen Aktivitätsformen waren die Schüler involviert?

e) Angemessenheit

- War das Unterrichtsthema angemessen bezüglich Alter, Entwicklung und Fähigkeiten der Schüler?
- Mussten wesentliche Änderungen an der Vorplanung vorgenommen werden, um den geplanten Unterrichtsertrag zu erzielen?
- Waren die Reaktionen des Lehrers dem Verhalten der Schüler angemessen?
- War das Sprechen des Lehrers richtig proportioniert bezüglich Sprechtempo, Lautstärke und Wortwahl in Hinblick auf die angesprochene Gruppe?

f) Leistungssicherung und -kontrolle

- Nahm der Lehrer alle Vorgänge in der Klasse wahr (alle wichtigen Beiträge, aber auch die „Störfaktoren“ und mögliche Konflikte zwischen Schülern?)
- Erkannte der Lehrer eventuelle Probleme einzelner Schüler und reagierte er darauf?

Die Unterrichtsprinzipien von Paul Brunnhuber haben Gültigkeit für jede denkbare Lehrsituation und somit für alle Unterrichtsfächer, von Geographie bis Mathematik.

Um aber Orff-Schulwerk zu unterrichten, gilt es auch noch der kreativen Beteiligung der Schüler einen entsprechenden Platz einzuräumen. Schließlich ging es Orff und Keetman darum, dass die Schüler ihre eigene Musik und ihre eigenen Tanzformen entwickeln konnten. Dies versetzt den Lehrer in eine nicht immer einfach zu bewältigende Doppelrolle: Einerseits verlangt es von ihm fachliche Kompetenz, um in den kreativen Phasen des Unterrichts den Schülern zu helfen und sie auch behutsam zu lenken, andererseits sollte dies nicht die partnerschaftliche Arbeitsform belasten, in der der Lehrer eben nicht immer im Zentrum steht.

Kreativ sein ist lernbar und daher gilt es Formen zu finden, wie man Kreativität lehrt. Im täglichen Leben (d. h. nicht in der Schule) ist es meist irgendeine unerwartete Notwendigkeit, die eine kreative Lösung verlangt. Es mag sein, dass ein normalerweise vorhandenes Werkzeug oder Arbeitsmittel fehlt. Jemand, der einen Brief öffnen will, aber keinen Brieföffner zu Hand hat, wird ein Messer, eine Schere oder einen Bleistift nehmen und damit den gleichen Erfolg haben – eine sehr einfach Form von Kreativität. Einfallsreichtum und divergentes Denken sind nötig, um ein bestehendes Problem, sei es eine plötzlich auftretende Schwierigkeit oder (in der Schule) eine Aufgabe, zu lösen. Diese vom Lehrer vorgegebene Problemstellung im schulischen Breich muss so offen sein, dass verschiedene Lösungsmöglichkeiten gegeben sind.

Dieser gesteuerte kreative Prozess gliedert sich in folgende Stufen:

- Definition und Eingrenzung der gestellten Aufgabe
- Sammeln von denkbaren Strategien und Lösungsmöglichkeiten
- Entscheidung und Ausarbeitung: Konzentration auf eine (von der Gruppe) bevorzugte Lösungsmöglichkeit
- Abschließende Veränderungen und Verbesserungen und Vorstellung des gefundenen Ergebnisses

Während dieses Arbeitsprozesses stellen sich für den Lehrer drei verschiedene Aufgabenfelder:

a) Initiation und Organisation des kreativen Prozesses

Am Beginn steht die genaue Umschreibung, worin die kreative Aufgabe besteht. Falls der Lehrer Denkhilfen geben will, sollte er mehrere, am besten sehr unterschiedliche Beispiele geben. Damit wird vermieden, dass die Schüler in der Absicht, den Lehrer zu erfreuen, sich zu sehr an das Lehrerbeispiel anlehnen (wichtig zu bedenken: Entscheidungen zu treffen ist eine zentrale Aufgabe in einem kreativen Ablauf).

b) Betreuung der Arbeitsphase (Gruppenarbeit)

Der Lehrer muss genau beobachten, damit Verhaltens- und Gesprächsregeln eingehalten werden. Es muss sichergestellt werden, dass alle aktiv mitarbeiten können (in den Arbeitsgruppen sollten keine „Mini-Lehrer" das Kommando übernehmen). Falls opponierende Ideen den Arbeitsablauf blockieren, sollte der Lehrer konstruktiv schlichtend Einfluss nehmen.

c) Kommentierung und Bewertung des gefundenen Ergebnisses

Dem Lehrer muss bewusst sein, dass das Bewerten einer kreativen Aufgabe anderen Kriterien folgen muss als bei den üblichen Aufgaben. Wenn ein Schüler zum Beispiel eine vorgegebene Komposition interpretiert, kann nur die technische und stilistische Ausführung beurteilt werden, aber nicht die Komposition selbst. Ist der Schüler (oder eine Gruppe) jedoch selbst der Schöpfer des Musikstücks oder Tanzes, dann fühlt er sich nicht nur, sondern ist de facto auch verantwortlich für die gesamte Produktion.

Ulrike E. Jungmair sieht den Lehrer in der Elementaren Musik- und Bewegungserziehung „als Organisator und Arrangeur, Mitspieler und Spielgefährte, er stellt bereit, hilft weiter, gibt neue Anregungen. Seine offene Unterrichtsplanung und seine Disponibilität lassen es zu, dass Spiel, Phantasie und Intuition das Unvorhersehbare und das Nicht-Planbare in seinen Unterricht einfließen und lebendige Wirklichkeit werden" (Jungmair, 1992, S. 199–200).

Es ist auch bedeutend, WIE der Lehrer sein Feedback in Hinblick auf die kreativen Bemühungen seiner Schüler ausdrückt. Hier einige Beispiele:

So nicht	**Besser so**
Das ist verwirrend und unklar.	Erklär uns einmal, was du genau vorhattest!
Das ist falsch, das klappt so nicht.	Was kannst du machen, um es zu verbessern?
Das ist keine gute Lösung.	Meiner Meinung nach ist das keine gute Lösung, weil...
Du benützt nur ein Instrument.	Wie würde es wohl klingen, wenn du mehrere Instrumente einbeziehst?
Es ist sehr kurz.	Wie kannst du das Stück ein bisschen länger machen?
Du bist gut!	Du hast einen schönen Tanz/ein schönes Musikstück gemacht.

Zusammengefasst geht es darum, die zu beurteilenden Arbeiten nicht personenbezogen zu kommentieren („Du warst besonders gut!"), sondern das Ergebnis selbst in den Mittelpunkt zu stellen („Das war eine überzeugende Lösung"). Das Vergleichen der Arbeiten von verschiedenen Schülern/Gruppen sollte in einer Weise geschehen, dass ein Ranking vermieden wird („In dieser Gruppe gefiel mir die Vielfalt der eingesetzten Instrumente, und in dieser Gruppe fand ich den Tempowechsel eine gute Idee").

Der Lehrer muss sich bewusst sein, wie sehr der Einsatz seiner Sprache und sein sprachlicher Ausdruck seinen Lehrstil und letztlich die Arbeitsatmosphäre im Unterrichtsraum bestimmen. Bewusste Selbstbeobachtung, mitunter ein Videomitschnitt sind dabei von großer Hilfe. Wichtig für ein gutes Lehrer-Schüler-Verhältnis ist auch eine ausgewogene Balance zwischen Zustimmung und verbessernder Kritik. Informieren, erklären, vorschlagen, anraten sind die konstruktiven Mitteilungen, die den Unterrichtsprozess bestimmen sollten.

Kapitel 9

Ein Blick über den Zaun – Orff und „die Anderen"

Die Anzahl von musikpädagogischen Lehrprogrammen und Methoden ist zu groß, um sie alle hier aufzulisten. Und die Liste wäre noch viel länger, wenn man all diejenigen hinzunähme, die sich auf bestimmte Instrumente oder Instrumentengruppen beziehen. Es gibt aber drei Konzepte, die weltweit bekannt sind und erfolgreich praktiziert werden. Sie sind verbunden mit den Namen Zoltán Kodály, Émile Jaques-Dalcroze und Carl Orff: Das Kodály-Konzept (mitunter auch „Kodály-Methode" genannt), die Rhythmik nach Jaques-Dalcroze und das Orff-Schulwerk. Nicht die Ausbildung von professionellen Musikern ist das vorrangige Ziel der drei Konzepte, sondern man will allen Personen in verschiedener Weise helfen, sich musikalisch auszudrücken, um das Verständnis und die Freude an der Musik zu wecken. Trotz dieses gemeinsamen Ziels sind ihre Wege und Mittel, um dieses Ziel zu erreichen, von beachtlichem Unterschied.

Diese Verschiedenartigkeit mag vorschnell zu der Frage verleiten, „welches das Beste ist" – dies ist nicht leicht zu beantworten und vielleicht sollte die Frage so auch nicht gestellt werden. Alle drei Systeme sind gut durchdacht und verfügen über eine einleuchtende philosophisch-pädagogische Basis. Es lohnt sich aber, die Konzepte genauer zu beleuchten, um zu erkennen, wodurch sie sich unterscheiden. Hilfreich ist dabei, die jeweiligen Beweggründe herauszufinden, die zur Entwicklung dieser Lehrkonzepte führten. Dadurch lässt sich erkennen und erklären, weshalb manche Themengruppen und Lernfelder stärker akzentuiert sind und demgegenüber andere Themenbereiche vom Autor als weniger wichtig angesehen wurden.

Unabhängig von solchen allgemeinen Überlegungen muss auch einberechnet werden, dass die Effektivität und der erzieherische Ertrag vor allen anderen Gesichtspunkten von den individuellen Qualitäten jedes einzelnen Lehrers abhängen. Es gibt Lehrer, die in geradezu idealer Weise ihr Lehrkonzept in die Tat umsetzen können. Andererseits gibt es auch solche, die – obwohl sie alles „richtig" machen – nicht die Absicht des Autors verstanden haben und somit auch nicht den Geist ihres Konzepts in angemessener Weise ihren Schülern vermitteln können.

Um die drei musikpädagogischen Konzepte von Kódaly, Jaques-Dalcroze und Orff in sinnvoller Weise vergleichen zu können, wollen wir folgende Fragen stellen:

- Was haben die drei Konzepte gemein?
- In welcher Weise unterscheiden sie sich?
- Welcher musikerzieherische Aspekt steht jeweils im Mittelpunkt?
- Können diese Konzepte in sich ergänzender Weise zusammenarbeiten?

Was ist das Gemeinsame der musikpädagogischen Konzepte von Kódaly, Jaques-Dalcroze und Orff?

Alle drei Gründerfiguren waren in erster Linie keine Musik„erzieher“, sie waren namhafte Musiker, genauer gesagt Komponisten und Dirigenten. Die Kompositionen von Kodály und Orff sind immer wieder auf den Programmen von Konzertsälen und Theatern zu finden. Jaques-Dalcroze hat ebenfalls Komposition studiert, noch dazu bei berühmten Lehrern wie Anton Bruckner in Wien und Léo Delibes und Gabriel Fauré in Paris. Sein Oeuvre umfasst mehrere Opern, Oratorien und Liederzyklen.

Diese Übereinstimmung im professionellen Bereich führte zu einer logischen Konsequenz: Die hohe Qualität der Musik, die im Klassenzimmer verwendet werden sollte, ist für alle drei von ausschlaggebender Wichtigkeit. Dabei mag die Musik (technisch) einfach sein, die ästhetische Qualität sollte aber nicht in Frage stehen. Zoltán Kodálys Forderung „das Beste ist gerade gut genug“ bezüglich der im Klassenzimmer verwendeten Musik ist bekannt. Dies lässt sich auch auf die kleinen Musikstücke im Orff-Schulwerk beziehen, wo jedes dieser kleinen Modelle einen eigenen Charakter hat. Und der hohe Anspruch, den die Jaques-Dalcroze-Rhythmik an die Klavierimprovisation stellt, zielt in die gleiche Richtung.

Ein weiterer gemeinsamer Punkt ist die Tatsache, dass die drei Gründer ihr jeweiliges System nicht alleine entwickelt haben. Sie konnten auf kompetente Mitarbeiter vertrauen. Das Kodály-System, dessen Wurzeln weit in die Musikgeschichte zurückreichen, wäre nicht denkbar ohne die Mitarbeit von Jenö Adám – ebenfalls Komponist –, Erszebét Szöny und anderer. Das Orff-Schulwerk gäbe es wohl nicht ohne Orffs Ko-Autorin Gunild Keetman und die ersten Direktoren des Orff-Instituts in Salzburg – Wilhelm Keller, Hermann Regner und Barbara Haselbach. Jaques-Dalcrozes Rhythmik hätte wohl eine andere Entwicklung genommen ohne Wolf Dohrn, Nina Gorter und eine große Anzahl von Schülern, die die Jaques-Dalcroze-Pädagogik in verschiedene Richtungen weiterentwickelten.

Worin unterscheiden sich die drei Konzepte? Worin besteht ihre Originalität?

Um darauf eine Antwort zu finden, hilft es, das Motiv zu ergründen, das diese drei Musiker veranlasste, ihr jeweiliges pädagogisches Konzept zu entwickeln. Dies macht auch klar, warum jeder der drei den Schwerpunkt seines Konzepts auf andere Bereiche der Musikerziehung legte und dabei andere Themen und Aktivitäten vernachlässigte.

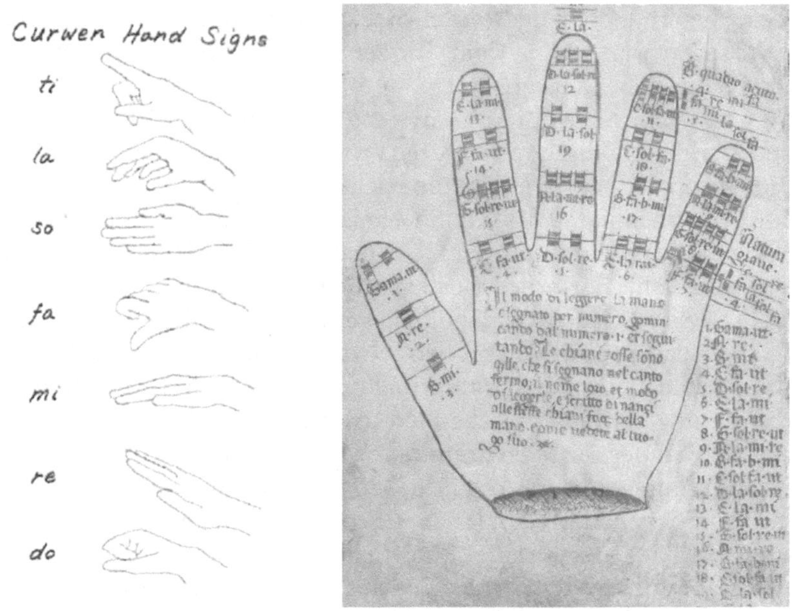

Abb. 7: Kodály-Handzeichen nach J. Curwen, daneben Guidonische Hand.

Das Kodály-Konzept

Als Komponist und Musikethnologe galt Zoltán Kodálys (1882–1967) Interesse dem umfangreichen Schatz an ungarischen Volksliedern. Er erkannte aber gleichzeitig, dass das aktive Singen in der Bevölkerung immer weniger gepflegt wurde und dadurch die Tradition der mündlichen Weitergabe gefährdet war. Es war ihm klar, dass die rein quantitative Erweiterung von Musikstunden im Lehrplan der Schulen das Problem nicht lösen würde. Kodály sah die Notwendigkeit für ein bewusstes Singen, d.h. die Schüler sollten nicht nur singtechnisch gefördert werden, sondern auch Einsicht in die melodischen, rhythmischen und harmonischen Strukturen der Volkslieder gewinnen. Die Musik sollte *verstanden* werden. Die Lösung fand Kodály in der „Relativen Solmisation“, mit deren Hilfe der Sänger die diatonische Struktur bewusst wahrnimmt und analysiert und dadurch letztlich auch zu einem tonreinen Singen geführt wird. Dieses System war bereits von John Curwen (1816–1880) in England eingeführt und zu einer erfolgreichen Tradition entwickelt worden. Die Wurzeln dieser Singpraxis reichen zurück ins frühe Mittelalter und sind mit dem Namen des Musiktheoretikers Guido von Arezzo (um 990–1050) verbunden. Die Systematik der sog. Guidonischen Hand half dabei, sich im diatonischen System zu orientieren. Es war eine Stütze, die den Mönchen half, die Vielfalt der Gregorianischen Gesänge zu bewältigen. Diese Singtechnik existierte bereits vor Guido von Arezzo, wurde aber vor allem durch seine Form der Anwendung weithin bekannt. Er verwendete die Hexachord-Silben Ut, Re, Mi, Fa, Sol, La, die jeweils die Anfangssilbe einer Zeile des Johannes-Hymnus (*Ut queant laxis...)* repräsentieren. Da jede Singphrase dieses Gesanges jeweils einen Ton höher einsetzt, half dies den Sängern, sich in der tonalen Struktur der Melodie zu orientieren. Viele Jahrhunderte später war es dann John Curwens Leistung, dieses System mit den sogenannten „Handzeichen" zu ergänzen.

Kodály baute sein Konzept auf Curwens Arbeiten auf und ermunterte seine Mitarbeiter, klare methodische Strukturen zu entwerfen und dabei auch die rhythmische Dimension der Musik miteinzubeziehen.

Wir können annehmen, dass Zoltán Kodály ebensogerne tanzte wie dies die Leute in Ungarn gemeinhin tun, viel mehr noch als Musikethnologe. Dennoch ist der Tanz als mögliche Form des musikalischen Ausdrucks in seinem Programm kaum erwähnt. Dies ist auch verständlich, wenn man sich bewusst macht, dass es ihm ja vorrangig darum ging, den großen Schatz der ungarischen Singkultur zu retten. Der Tanz tritt dabei in den Hintergrund und ebenso war in diesem Zusammenhang die Förderung der musikalischen Kreativität nicht von Bedeutung.

Da das Erlernen der relativen Solmisation einen strikt einzuhaltenden Prozess der Konditionierung verlangt – es gilt dabei, die Tonstufe mit dem Solmisationsnamen und dem dazugehörigen Handzeichen zu verbinden –, ist ein ausgiebiges Üben unumgänglich. Dies verlangt vom Lehrer ein hohes Potential an Motivierung. Da sich aber diese Methode als äußerst erfolgreich erwiesen hat, um durch Singen Musik aktiv erleben zu können, dürfen wir annehmen, dass die Motivation der Schüler durch ihren eigenen Fortschritt und Erfolg geschieht.

Die Rhythmik nach Jaques-Dalcroze

Ëmile Jaques-Dalcroze (1865–1950) begann seine berufliche Arbeit als Lehrer für Harmonielehre und Solfége am Genfer Konservatorium. In seinem Unterricht bemerkte er, dass seine Studenten ein großes Defizit an rhythmischer Kompetenz aufwiesen. Dies veranlasste ihn, eine Methode zu entwickeln, die seinen Studenten helfen sollte, über ihren Körper Musik zu fühlen, zu erfahren und zu lernen. Er erfand Übungen und spielerische Aktivitäten, um alle musikalische Parameter durch Bewegung auszudrücken, von der Dynamik über Tempo, Tonhöhe, Harmoniefolgen, Phrasierung bis hin zu Akzentsetzungen. In einer Dalcroze-Stunde steuert und stimuliert der Lehrer in der Regel die Übungen und Bewegungssequenzen durch eine einfühlsame und gut gewählte Klavierimprovisation. Jaques-Dalcroze wollte vermeiden, dass diese Aktivitäten als eine Form von Tanz verstanden wurden und nannte sie daher „Rhythmische Gymnastik". International findet man normalerweise den Namen Dalcroze Eurhythmics, eine Methode, die weltweit erfolgreich Anwendung findet.

Wir wissen, dass für Jaques-Dalcroze auch das Singen wichtig war. Er komponierte zahlreiche Lieder und experimentierte in der Anfangszeit seines pädagogischen Programms auch mit sogenannten „Tanzliedern". Dennoch verlor das Singen im Laufe der Zeit an Bedeutung und das Klavier übernahm die Rolle der steuernden und kontrolierenden Instanz.

Orff-Schulwerk

In den vorausgehenden Kapiteln wurde dargelegt, wie Orff und Keetman ihre Vision einer Elementaren Musik entwickelten. Im Zentrum des Schulwerks steht die Absicht, dass die Schüler im Zusammenwirken von Singen, Tanzen und Instrumentalspiel ihre eigene Kreativität entwickeln können. Wenn man will, kann man das Fehlen einer festgeschriebenen Didaktik als Schwachpunkt sehen, was allerdings als logische Konsequenz von Orffs und Keetmans Denken verstanden werden muss. Ihrer Meinung nach haben didaktische Entscheidungen, d. h. die Adaption des Schulwerkkonzepts hinsichtlich des jeweiligen Lehrplans, in der Verantwortung jedes einzelnen Lehrers zu liegen.

Wir können weiterhin annehmen, dass die beiden Autoren auch die Gehörbildung als wichtigen Bereich der Musikerziehung angesehen haben, aber sie findet im Schulwerk keine spezifische Erwähnung. Und während Jaques-Dalcroze ein sorgfältig geplantes System von Übungssequenzen entwarf, versuchte Orff dieselben Zielstellungen in rein spielerischer Form zu erreichen.

Vergleichende Übersicht der Zentralanliegen und der weniger wichtig erachteten Bereiche

Lehrkonzept	Zentrales Anliegen	Weniger/nicht präsent
Kodály-Konzept	Qualifiziertes Singen	Tanz, Improvisation und Kreativität
Rhythmik nach Jaques-Dalcroze	Bewusstmachen und Ausdruck aller musikalischen Parameter durch Bewegung	Singen
Orff-Schulwerk	Erleben der Musik durch eigene schöpferische Aktivitäten. Singen, Tanzen und Instrumentalspiel als Einheit	Didaktisch-methodische Führung, Gehörerziehung

Die drei Konzepte in komplementärer Hinsicht

Das Kodály-Konzept stellt das Singen ins Zentrum, Jaques-Dalcroze den körperlichen Ausdruck und Orff die Kreativität und Improvisation. Wer kann sagen, was wichtiger bzw. weniger bedeutsam ist? Es ist daher kein Wunder, dass sorgfältig planende Lehrer aller drei Konzepte die in ihrem eigenen System weniger ausgeprägten Thematiken und Aktivitäten durch Übernahmen aus den anderen Konzepten auszugleichen versuchen. Daher ist es hilfreich, nicht nur die Struktur und theoretischen Überlegungen des eigenen stärker vertrauten Konzepts zu kennen, sonder auch das „der anderen“. Es ist kein Wunder, dass es auch Überlegungen gab (und gibt), eine Pädagogik zu entwerfen, die die Charakteristika aller drei Systeme einschließt. Es mag als eine reizvolle Idee erscheinen, würde aber letztlich dazu führen, dass alle drei Konzepte ihre Identität und ihre Originalität verlieren. Es ist daher den Lehrern anzuraten: „Nimm Aktivitäten von allen dreien (und auch anderen!), sei dir aber immer bewusst, von wo du sie geholt hast und in welchem Kontext sie dort stehen."

Es ist bemerkenswert, dass alle drei Konzepte – bei aller Internationalität, die sie mittlerweile erlangt haben – für eine klar beschränkte Zielgruppe entworfen wurden:

- Zoltán Kodály dachte ausschließlich an ungarische Kinder.
- Ëmile Jaques-Dalcroze hatte ausschließlich seine Studenten des Genfer Konservatoriums im Auge.
- Carl Orff hatte zwar in frühen Jahren mit erwachsenen Gymnastik- und Tanzstudenten gearbeitet, aber sein Schulwerk-Radioprogramm richtete sich ausschließlich an Grundschulkinder, deren Musikunterricht er bereichern wollte.

In allen drei Fällen war in der Anfangsphase nicht daran gedacht, das Konzept in andere Länder, d. h. andere Kulturen zu exportieren. Es war genau umgekehrt: Musikpädagogen aus anderen Ländern beobachteten, was da in Ungarn, in der Schweiz und in Deutschland geschah und sie waren überzeugt, dass diese Lehrkonzepte auch in ihrem eigenen Land verwendbar waren. Viele kehrten nach intensiven Studien in ihr Heimatland zurück und führten diese neuen Ideen in die heimische Musikpädagogik ein.

Die Tatsache, dass alle drei Konzepte in Europa entstanden, mag aus außereuropäischer Sicht kritisch gesehen werden. Ist es nicht ein weiterer Beweis von Eurozentrismus, d. h. die gesamte Welt hat zu tun und nachzumachen, was aus Europa kommt? – Es ist nicht so simpel, wie es manchem erscheinen mag. Die kulturelle, philosophische und soziale Entwicklung ordnete Europa im Bereich der Erziehung eine weltweit führende Rolle zu. Ausschlaggebend hierfür war die Epoche der Aufklärung im 18. Jahrhundert, die das Denken und Schaffen der herausragenden Größen prägte, was wiederum der Erziehung die entsprechende Richtung gab. In zeitlicher Abfolge sind es folgende Persönlichkeiten:

Jean-Jaques Rousseau
(1712–1778)

Johann Heinrich Pestalozzi
(1746–1827)

Friedrich Fröbel)
(1782–1852)

Rudolf Steiner
(1861–1925)

Maria Montessori
(1870–1952)

Diese großen Philosophen und Erzieher zeigten auf, dass die Kindheit eine ganz besondere Periode im menschlichen Leben darstellt, sie ist nicht nur eine Wartephase, um erwachsen zu werden. Sie hat ihre eigene Qualität, was auch das Recht auf eine kindgerechte Erziehung einschließt. Selbst wenn diese Philosophie ihre Wurzeln in Europa hat, ist sie sicher gültig für alle Kinder dieser Welt. Diese grundlegenden Gedanken der Aufklärung bildeten die Basis, auf der alle drei musikpädagogische Konzepte aufbauten und sich entwickelten. Es hat sich gezeigt, dass sie überall auf der Welt gelehrt werden können.

Unabhängig von diesen drei europäischen Konzepten hat sich in den Vereinigten Staaten ein wissenschaftsorientierter Zugang zur Musikerziehung entwickelt. Während Jaques-Dalcroze, Kodály und Orff ihre Konzepte auf künstlerischer Intuition und pädagogischer Erfahrung aufbauten, arbeitete ein amerikanischer Psychologe mit Ergebnissen, die er aus Testreihen gewann: Carl Emil Seashore (1866–1949) schaffte standardisierte Tests zur Feststellung der Musikalität (1967/1938). Seine Forschungsergebnisse wurden zu einer Grundlage für Edwin Gordons „Music Learning Theory" (MLT), einem System, das Erklärungen gibt, in welcher Weise und in welcher Phasenfolge der Prozess des Musiklernens abläuft. Im Zentrum steht dabei eine zu erlernende Fähigkeit, die Edwin Gordon „Audiation" nennt, das Denken und Verstehen einer physikalisch nicht erklingenden Musik.

Laut Gordon sollte das Musiklernen in ähnlicher Weise erfolgen wie das Sprechenlernen. Es beginnt dort mit dem reinen Zuhören, es folgt das Imitieren der immer wieder zu hörenden Sprachklänge, das Entziffern und graduelle Erlernen der Sprachinhalte und erst am Ende dieser Entwicklung folgt das Schreiben und Lesen. Diese Reihenfolge auf das Erlernen von Musik zu übertragen, erscheint so vernünftig, dass man sich fragen muss, warum die traditionelle Musikerziehung oftmals genau den gegenteiligen Weg geht: Lernen der Notennamen und Lesen einer vorgegebenen, geschriebenen Musik wird an den Anfang gestellt. Diese Lernarbeit verbraucht so viel Zeit, dass es nur in seltenen Fällen zu einem analytischen und verstehenden Hörprozess kommt. (Es ist festzuhalten, dass die Konzepte von Kodály, Jaques-Dalcroze und Orff nicht im Widerspruch zu Gordons MLT stehen.)

Es bleibt aber die Frage, wie Gordons Erkenntnisse in eine pädagogische Praxis übertragen werden können. Da das Musikhören sehr stark betont wird, scheint es offensichtlich wichtiger, dass das Kind dem Erklingen von (verschiedenartigster) Musik ausgesetzt ist als es zu einem aktiven Musikmachen anzuregen. Edwin Gordons Verdienst als forschender Wissenschaftler steht außer Zweifel. Aber es gibt Kritiken, die seine Form der pädagogischen Umsetzung als zu sehr vorschreibend und einschränkend ansehen (Woodford, 1996). Laut dieser Kritik wäre es besser, Gordons Ideen in Konzepte wie die von Kodály, Orff und anderen einzubinden. Musik sollte aktiv erlebt und nicht wie eine Medizin oder ein Vitaminblock verabreicht werden.

Wenn wir es in diesem Bildvergleich sehen, kann man Gordon als Ernährungswissenschaftler sehen; die Schule jedoch braucht „Meisterköche", die köstliche

Gerichte in Form von interessanten und freudig erlebten Musikstunden zubereiten. Natürlich sollten diese „Gerichte" alle wertvollen musikalischen „Vitamine" enthalten, die die „Ernährungslehrer" wie Edwin Gordon entdeckt haben. Jaques-Dalcroze, Orff und Kodály sind solche exzellenten Meisterköche, die wohlschmeckende und nahrhafte Gerichte auftischen können. Aber Orff geht noch ein Stückchen weiter: Er lehrt die Kinder sogar, ein bisschen „selbst zu kochen..."

Kapitel 10

Spielen wir wirklich, wenn wir ein Instrument spielen? Das Orff-Schulwerk und seine nicht ganz einfache Beziehung zum Instrumentalunterricht

Der Einfluss des Orff-Schulwerks ist heute in *fast* allen Bereichen der Musikerziehung wahrzunehmen. Er ist sehr präsent in der Musikalischen Früherziehung und natürlich auch im Grundschulbereich, der ersten Zielgruppe bei der Ausstrahlung der ursprünglichen Radioprogramme. Die kreativitäts- und prozessorientierte Arbeitsweise des Schulwerks kann ebenso in den Höheren Schulen angewendet werden, vorausgesetzt, man verwendet Inhalte, die dieser Schulstufe angemessen sind. Schulwerkorientierte Programme werden in der Therapie von Behinderungsformen angewendet und in der Betreuung von Senioren. Orff-Schulwerk überall, wie es scheint – wieso die anfängliche Einschränkung ‚*fast*'? – Sie bezieht sich auf das nicht ganz unproblematische Verhältnis des Orff-Schulwerks zum Instrumentalen Lehren und Lernen.

Natürlich gibt es Instrumentallehrer, die die Ideen des Schulwerks in ihren Unterricht einfließen lassen – es sind auch entsprechende Instrumentalschulen erschienen. Dennoch, die Distanz zwischen Orff-Schulwerk und dem Instrumentalunterricht ist signifikant. Sie ergibt sich durch ein unterschiedliches, teilweise antithetisches Denken. Orff rät dazu, dass Kinder den Umgang mit Instrumenten ähnlich lernen sollten, wie sie dies mit Spielgeräten tun – erkunden, selbst ausprobieren, eben durch *Spielen.* Als Beispiele nennt Orff „Stäbe, Rasseln, Holzschachteln..." (Orff, 2011/1932b, S. 69), die dann im Klassenraum der Grundschule zu Triangel, Holzblock und Handtrommel werden.

Aber, mit einem Triangel spielen, mit einem Holzblock und einer Handtrommel? – Wie klingt das in den Ohren eines Instrumentallehrers, der von der ersten Stunde an auf technische Korrektheit achten muss? Denken wir etwa an einen Violinlehrer, der etwa zehn Haltungsaspekte alleine am rechten Arm, dem „Bogen-Arm", beachten muss – von der Schulter über Ellenbogen und Handgelenk bis zum kleinen Finger –, wobei jeder Haltungsfehler einen negativen Einfluss auf die Klangqualität hat. Dabei ist noch nicht einmal die Rede von der linken Hand, die für die Tonhöhe und Skalenreinheit verantwortlich ist ... Es geht hierbei um koordinierte Bewegungsabläufe, die in einem langfristigen Prozess unter ständiger korrigierender Kontrolle erlernt werden müssen. Undenkbar, dass der Lehrer sagt:

„Nimm die Violine und finde heraus, welche Klänge sie machen kann!“ Man denke auch an einen Trompetenlehrer, der von Anfang an am Aufbauen einer Atemstütze durch das Zwerchfell arbeiten muss. Das ist eine andere Welt als die der Handtrommel und Holzblocktrommel. (Ein versöhnendes Wort an die Perkussionisten: Als erfahrener Schlagwerker kann man auch auf einfachen Instrumenten eine Vielzahl von interessanten Klängen erzeugen. Aber Perkussionisten beweisen ihre Meisterschaft in erster Linie durch die große Zahl von verschiedenen Instrumenten, die sie beherrschen, und durch das Ausführen von äußerst komplexen und komplizierten Rhythmen.)

Wenn rund zwanzig Kinder einen Blockflötenchor bilden, dabei jegliche Atemkontrolle außer acht lassen und nicht wissen, dass die Zunge als Artikulationshilfe dienen sollte, dann mag dies für manchen Musiker sehr amateurhaft aussehen. Wir wissen natürlich, dass die Blockflöte eine einfache und für jeden erschwingliche Möglichkeit darstellt, gedruckte Musik zu spielen. Aber wird die Blockflöte dabei wirklich als „Musikinstrument“ wahrgenommen? Es ist bezeichnend, dass es für Carl Orff selbst keine einfache Entscheidung darstellte, die Blockflöte in sein Elementares Instrumentarium einzubeziehen. Er betrachtete die Blockflöte als wesentlichen Repräsentanten der Renaissance- und Barockmusik, absolut nicht als elementar. Erst als er sich mit dem Gedanken vertraut machte, dass die Wurzeln dieses Instruments in prähistorische Zeiten zurückreichen, als die Instrumente aus tierischen und menschlichen Knochen gemacht wurden, konnte er umgestimmt werden.

Aber von diesen historischen Überlegungen abgesehen bleibt das Problem, dass dieses „einfache“ Instrument in spieltechnischer Hinsicht oftmals unterschätzt wird. (Eine Kollegin meines Konservatoriums – eine Blockflötistin und anerkannte Spezialistin für Renaissance- und Barockmusik – sagte zu mir: „Alle Kinder, die im Kindergarten oder in der Grundschule mit der Blockflöte begannen, sind für eine ernsthafte Weiterentwicklung an diesem Instrument verloren ...“ Es mag Ausnahmen geben, besonders wenn die Kinder von einem Lehrer unterrichtet wurden, der eine gute Atemkontrolle und den gezielten Zungeneinsatz beachtete und förderte. Dennoch, der Einwand meiner Kollegin ist verständlich.)

Es gibt weitere Punkte, die es nicht einfach machen, Orff-Schulwerk-Ideen in den Rahmen der Instrumentalerziehung zu integrieren. Das Erlernen und Spielen eines Instrumentes war in der sozio-kulturellen Entwicklung Europas nie ein Thema der Musikpädagogik. Der Gebrauch der Musikinstrumente gehörte in den Bereich des Handwerks und der Zünfte. Die professionellen Musiker einer Stadt, etwa die sogenannten *Stadtpfeifer,* organisierten sich in Zünften neben anderen Handwerkern wie Schreinern, Schustern und Schneidern. Die Art und Weise, wie die Musik auszuführen war und nach welcher Methode sie unterrichtet werden musste, geschah gemäß den Zunftregeln – oftmals ein gehütetes (Zunft)geheimnis. Dies wurde in mündlicher Weise und ohne schriftliche Aufzeichnung von Meister zu Lehrling übertragen. Aus diesem Grund kam es erst sehr spät zur Veröffentlichung von Instrumentalschulen. Diese historische Entwicklung hat weitreichende Folgen. Betrachtet man das Produzieren von Musik als ein Handwerk, dann stellt es immer die Musik selbst in das Zentrum der Beachtung, genauer gesagt, die technische Realisierung der Musik auf dem jeweiligen Instrument. Pädagogische Überlegungen oder gar der Schüler/Lehrling selbst waren von vernachlässigbarer Bedeutung. Der Lehrling hatte sich ganz einfach den musikalischen und instrumentalen Belangen und Notwendigkeiten unterzuordnen. Es ist bezeichnend, dass dieses Meister–Lehrling-Verhältnis trotz aller sozialen Veränderungen in den Konservatorien des 19. Jahrhunderts fortbestand. Und auch heute ist es nicht schwer, Spuren dieses Meister-Lehrling-Denkens in der konservatorialen Sphäre zu finden. Beispiele dieser „alten Schule" sind:

1. Im Zentrum des Unterrichts stehen (manchmal ausschließlich) spieltechnische Probleme und aufführungstechnische Fragen. Ein Musikstück gilt dann als erlernt, wenn alle technischen Probleme gelöst sind.
2. Das Erzielen eines möglichst hohen technischen Spielniveaus ist das oberste Ziel. Dies führt zu einem ständigen „schneller", „höher" und „noch schwieriger". Das nächste Stück muss immer schwerer sein als das vorher erarbeitete. Die vom Lehrer gewählte Spielliteratur kann man wie eine permanent aufsteigende Treppe sehen. Gelernte Literatur wird bald beiseite gelegt, da sie nicht mehr den aktuellen technischen Stand des Schülers repräsentiert.
3. In regelmäßig stattfindenden Vorspielen müssen die Schüler ihr Können unter Beweis stellen. Dabei müssen sie das zuletzt erlernte Stück präsentieren, was logischerweise das anspruchsvollste und schwierigste ist. Diese in vielen Musikschulen und Konservatorien gepflegte Praxis ist sogar noch mehr anzuzweifeln, wenn wir fragen: Welcher professionelle Musiker würde es wagen, in einem Konzert sein kurz zuvor erarbeitetes und schwierigstes Musikstück der Öffentlichkeit vorzustellen? Viel realistischer und vernünftiger ist es, ein neues Stück einzustudieren, es eine gewisse Zeit „ruhen zu lassen" und es nach einer neuerlichen Arbeitsphase in sein zukünftiges Konzertrepertoire aufzunehmen. Seltsamerweise gilt diese professionelle und lernpsychologisch begründbare Vorgangsweise nicht für Schüler. Diese müssen – teilweise unter Stress und Versagensangst – versuchen, den Bühnenauftritt zu „überleben". Kein Wunder, dass eine beträchtliche Zahl von Schülern diesem Leistungsdruck nicht standhält und ihren Instrumentalunterricht abbricht; in Erinnerung bleibt das Gefühl von Enttäuschung und Misserfolg.

Zu alldem kommt noch ein weiterer Punkt, der die Instrumentalerziehung noch weiter vom Schulwerk entfernt:

4. Bevor der Schüler noch die erste Unterrichtsstunde erhält, muss er in vielen Institutionen erst eine Aufnahmeprüfung bestehen. Es soll damit vermutlich gewährleistet werden, dass das Erteilen von Instrumentalunterricht , d.h. die von Schule und Lehrer eingesetzte Zeit und Energie gerechtfertigt sind. Dieser Vor-

gang kann noch bis zu einem gewissen Grad verstanden werden, wenn eine lange Warteliste an Antrittswilligen besteht. Aber es gibt auch Musikschulen, die auf eine qualifizierende Aufnahmeprüfung verzichten und die Schüler dem Anmeldedatum nach abrufen. Leider gerät das Aufnahmeverfahren leicht zu einer gezielten Suche von sogenannten „Talenten". Dies ist besonders attraktiv für Lehrer, die ihren beruflichen Erfolg danach messen, wieviele ihrer Schüler sie zu einer professionellen Laufbahn geführt haben. Es gilt der simple Schluss: „Gute Schüler" bedeutet „guter Lehrer". Frage: Welcher Lehrer in einer Grundschule könnte sich eine so einfache und eindimensionale Schlussfolgerung erlauben?

Wir müssen fair sein und zugeben, dass eine gewisse Zahl von Instrumentallehrern selbst diese starre Tradition hinterfragen. Dennoch ist es bemerkenswert, an wievielen Orten diese Praxis undiskutiert fortbesteht. In dieser Welt hat das Orff-Schulwerk keinen Platz. Es würde nur das möglichst schnelle Erzielen einer hohen technischen Spielfertigkeit behindern durch den zu intensiven (?) Konsum an Unterrichts- und Übezeit.

Nach all dem Gesagten scheint das Konzept des Orff-Schulwerks mit dem Instrumentalen Lernen unvereinbar: Das Schulwerk lädt zu spielerischen und experimentierfreudigen Aktivitäten ein, während die traditionelle instrumentale Unterweisung von Beginn an spieltechnische Korrektheit in das Zentrum stellt. Wenn man trotz all dieser Gegensätzlichkeiten die Denkwelt des Orff-Schulwerks in den Instrumentalunterricht einbringen will, dann muss man nach Lösungen suchen, die sowohl die Ziele des Schulwerks als auch die nötigen spieltechnischen Anforderungen berücksichtigen, ohne sich gegenseitig im Weg zu stehen.

Folgende klare Regeln mögen dabei hilfreich sein:

a. Um die technischen Notwendigkeiten im Prozess des Instrumentlernens zu respektieren, muss der kreative Aspekt des Schulwerks in Bereichen angewendet werden, wo die korrekte Tongebung nicht negativ beeinflusst wird (oder im Idealfall: wo es sogar unterstützend wirkt).

b. Wie schon erwähnt, werden die Zielstellungen des Orff-Schulwerks für traditionelle Lehrer, die nur darauf aus sind, ihre Schüler in kürzester Zeit auf ein möglichst hohes Spielniveau zu bringen, eine unnötige Behinderung darstellen. Instrumentallehrer jedoch, die den Schüler selbst, den Musizierenden, also den Menschen in das Zentrum ihrer Arbeit stellen, finden im Orff-Schulwerk einen hervorragenden Partner. Sie werden ihre Schüler nicht nur ermuntern, qualitätsvolle Musik zu interpretieren, sondern auch anregen, ihre eigene Musik zu schaffen. Improvisation und Komponieren werden ihren Unterricht bereichern als Aktivitäten, die das Studium von komponierter Musik vervollständigend ergänzen.

Betrachtet man Instrumentalunterricht in dieser Weise, dann verlangt er eine andere geistige Einstellung und folglich eine andere Form der Vorbereitung der Unterrichtsstunde. Improvisation braucht, so wie alle kreativen Arbeitsformen, Zeit und Geduld. Es geht nicht ohne Risiko, und Fehler müssen erlaubt sein. Es ist aber klar, dass Töne, die negativ aus dem musikalischen Kontext herausfallen, in einer Improvisation etwas anderes sind, als in der Interpretation eines klassischen Musikstücks. Dort ist es ein klar erkennbarer Fehlgriff, folglich die Wertminderung einer Interpretation. Im Bereich der Improvisation dagegen sind solche unbeabsichtigte Fehler als unvermeidliche Schritte auf dem Weg zur Gewinnung eines persönlichen musikalischen Ausdrucks zu sehen. Fehler in einer Improvisation sind leichter entschuldbar, sie haben nicht diese vergiftende Wirkung. Es gibt unter Jazzmusikern den augenzwinkernden Rat: „Passiert dir ein Fehler, mach ihn zweimal!", d. h. durch das Wiederholen eines unerwünschten, herausfallenden Klangs erscheint dieser plötzlich beabsichtigt, mitunter interessant und provozierend. Das mag nicht immer funktionieren, aber es betont, dass Fehler manchmal unvermeidlich sind und dazu beitragen, Erfahrung zu sammeln. Und manchmal öffnen Irrtümer sogar den Weg zu unerwarteten Lösungen...

Wir sprechen gemeinhin davon, „ein Instrument zu spielen". Aber spielen wir wirklich, wenn wir auf einem Instrument ein Musikstück zum Klingen bringen? „Spielen" – da klingt etwas mit von ‚leicht', auch von ‚nicht ernsthaft'. Ist das wirklich der richtige Ausdruck für das, was wir auf unserem Instrument machen? In Italien sagt man dazu *sonare* und auf Spanisch heißt es *tocar*. Das bezieht sich alleine auf den physikalischen Prozess, dem Instrument Töne und Klänge zu entlocken. Aber „ein Instrument spielen" (auf Englisch *to play,* auf Französisch *jouer* und ähnlich noch in weiteren Sprachen), das bedeutet mehr als nur den Vorgang der akustischen Tonerzeugung.

Bei all den unterschiedlichen und vielfältigen Definitionen, die den Vorgang des „Spielens" beschreiben, lässt sich eine Grundlinie erkennen: Es bedeutet das freie Entscheiden und Handeln in einem Rahmen, der durch klare Regeln umschrieben ist. Was damit gemeint ist, lässt sich leicht erklären, wenn wir in die Welt des Sports blicken, vor allem zu den Ballspielen wie Fußball, Basketball oder Tennis. Es gibt klare und absolut verbindliche Regeln, aber in dem Moment, in dem der Ball sich zu bewegen beginnt, hängt das Spiel alleine von den spontanen Entscheidungen der Spieler ab. Da beginnt das Spiel und es ist „Improvisation" im wahrsten Sinne, selbst wenn es nicht so genannt wird.

In der Musik können wir bei dieser Form des (improvisierenden) Spiels an einen Jazzmusiker denken, der seine spielerische Freiheit anhand von klar definierten Akkorden und Skalen auslebt. In der Volksmusik kann etwas Vergleichbares stattfinden. Sogar die gedruckten „Regeln" einer komplexen Beethovensonate lassen noch so viel an Freiraum zu, dass unterschiedliche Interpretationen möglich sind.

Alle diese Beispiele zeigen aber auch ein Hauptproblem: In der Musik verbinden wir dieses freie Spiel innerhalb eines bestehenden Regelwerks mit großem Geschick und fortgeschrittenem Können, d. h. Improvisation ist nur solchen Musikern erlaubt, die ihr Instrument „beherrschen“ und die Regeln kennen. Für die übrigen existiert keine Improvisation – und viele professionelle Musiker sind so auf geschriebene Musik spezialisiert, dass sie Improvisation gar nicht vermissen.

Um eine Lösung zu finden, die die Improvisation und damit mehr Kreativität in den Instrumentalunterricht einbezieht, müsste man die Unterrichtszeit jedes Schülers in zwei Ebenen unterteilen. Sie sollten sich graduell im technischen Spielniveau unterscheiden:

Die „Pionier“-Ebene

Hier wird der Schüler mit neuen technischen Schwierigkeiten konfrontiert. Es geht um unterschiedliche Kompositionsformen und historische Stile. Hier geschieht, was im traditionellen Instrumentalunterricht ausschließlich praktiziert wird.

Die „Spiel“-Ebene

Hier ist der spieltechnische Anspruch deutlich geringer, wodurch ermöglicht wird, mit dem musikalischen Material in kreativer Weise umzugehen, zu improvisieren und damit zu einer eigenen Musik zu finden, d. h. mit Musik „zu spielen“.

Wie dies geschehen kann, soll im Folgenden an einem konkreten Beispiel erklärt werden. Es ist ein Ausschnitt aus dem Stück Nr. 10 aus der „Klavierübung“ von Carl Orff (1934a, S. 6):

Es gibt zwei Möglichkeiten, dieses Stück im Unterricht einzusetzen:
1. Für einen Schüler (noch im Anfängerstadium), der technisch so weit ist, um dieses Stück zu lernen, gehört es in den Bereich „Pionier“-Ebene.
2. Für einen Schüler, der das Stück ohne Mühen erlernt, vielleicht sogar einfach vom Blatt spielt, kann es für die „Spiel“-Ebene verwendet werden. Dann ist es das Ausgangsmaterial, um damit zu spielen. Der Lehrer ermuntert den Schüler, eigene

Modifikationen vorzunehmen, um es durch seine Ideen zu seinem „eigenen" Stück werden zu lassen.

Am Anfang wird die Basslinie und die harmonische Struktur anhand der darüberliegenden Melodie fixiert. Sie erscheint viermal, mit minimalen Unterschieden im jeweils vierten Takt. Der jeweils erste Takt bleibt in der rechten Hand noch leer.

Der nächste Schritt besteht darin, die kurze Melodielinie zu verändern, während die Basslinie erhalten bleibt.

Eine weitere Aufgabe besteht darin, den ersten und fünften Takt (hier noch leer) …

... so mit Noten zu füllen, dass sie sinnvoll zum Hauptmotiv führen. Als Hilfe kann der Lehrer vier Achtelnoten in der folgenden Form vorschlagen:

(Später können noch weitere (und komplexere) rhythmische Formeln gefunden werden.)

Dieser Vorschlag, verschiedene Lösungen für eine Grundidee zu suchen („Gehe mit vier Achtelnoten zum g"), steht auf der gleichen Linie wie die „Ostinatoübung für Stabspiele" im Band I von „Orff-Schulwerk – Musik für Kinder" (Orff & Keetman, 1950, S. 100).

Dieser Zugang zur Improvisation hat Wurzeln, die weit in die Musikgeschichte zurückreichen, aber auch im Schulwerk zu finden sind, zum Beispiel die Ausschmückung der Terz im Ostinatostück 17/2 im Band IV (Orff & Keetman,1953, S. 138). Das folgende Beispiel stammt aus dem Werk „Versuch einer Anweisung die Flöte traversiere zu spielen" von Johann Joachim Quantz (Quantz, 1752/1983, TAB IX). Er zeigt in dem Ausschnitt, in welcher Weise man drei Viertelnoten auf c verzieren kann.

Das kleine Beispiel aus der *Klavierübung* (einem Ergänzungsband des Schulwerks) mit seiner einfachen Struktur und geringer technischer Schwierigkeit will Schüler einladen, selbst ein Musikstück zu formen, sei es durch Improvisation oder durch den bewussteren Prozess des Komponierens. Die Ergebnisse spiegeln den jeweiligen spieltechnischen Stand und das musikalische Verständnis der Schüler wider. Damit liegen diese Vorschläge genau auf der Linie des Orff-Schulwerks. (Wenn man sich noch vorstellt, dass auch noch Platz wäre, um Tanz und Bewegung einzubeziehen, dann wäre das Schulwerk in seiner Gänze integriert.)

Bei allen Bemühungen, die Ideen des Orff-Schulwerks in die Instrumentalerziehung einfließen zu lassen, darf man deren ambivalente Stellung nicht übersehen: Sie steht in der Spannung zwischen Pädagogik und einer Berufsvorbereitung mit handwerklicher Tradition, d. h. einerseits sollte der Instrumentalunterricht als Teilbereich einer allgemeinen Musikerziehung fungieren, andererseits aber auch den Einstieg in eine berufliche Karriere ermöglichen. Beide Komplexe, Pädagogik und Instrumentalausbildung, sind jedoch absolut nicht identisch und können für Lehrer und Lernenden zu gewissen Verunsicherungen führen. Zwar gibt es das gemeinsame Ziel, ein möglichst hohes spieltechnisches Können zu erreichen. Auch kann die Bewunderung und Idolisierung von medienbekannten Star-Instrumentalisten als Motivationsfaktor für den professionellen und den Liebhaberbereich dienen. Aber die generelle Zielperspektive ist verschieden und damit verbunden die unterschiedlichen Lehrstrategien und Beurteilungsmaßstäbe.

Diese Parallelwelten von Instrumentalmusiker und Musikpädagoge können für den Instrumentallehrer durchaus zu Identitätsproblemen führen. Es gibt Instrumentallehrer, die am Konservatorium bzw. an der Musikhochschule gar keine oder nur geringe pädagogische Vorbereitung erhalten haben. Ihre Berufsvorstellung ist stärker von den Bühne geprägt als von der Arbeit im Unterrichtsraum. Manch einer mag auch einer riskanten Instrumentalistenkarriere aus ökonomischen Gründen eine Lehrtätigkeit vorgezogen haben. Verbunden damit ist dann womöglich ein Denken, das dem Instrumentallehrer einen niedrigeren sozialen/beruflichen Status zurechnet als dem eines „richtigen" Musikers.

Wenn man schon einen qualifizierenden Vergleich will, dann könnte man diese Bewertung auch in der gegenteiligen Weise vornehmen: Ein Instrumentallehrer mit fundierter pädagogischer Ausbildung besitzt nicht nur eine „Aufführungskompetenz", sondern auch noch eine „Lehrkompetenz". Ein Instrument zu spielen – und sei es in meisterhafter Weise –, gilt nicht als Garantie für ein kompetentes und erfolgreiches Unterrichten. Wenn Instrumentallehrer berufliche Schwierigkeiten haben, dann liegt es selten an mangelnder technischen Kompetenz, sondern viel eher an der Unfähigkeit, Verständnis zu und somit einen positiven Arbeitskontakt mit den Schülern aufzubauen. Dazu gibt es Parallelen: Ein hervorragender Mathematiker ist nicht immer ein guter Mathematiklehrer, und mancher Geschichtslehrer könnte als Historiker in einem Museumsarchiv bessere Arbeit leisten als in einem Klassenzimmer.

Es gibt noch ein weiteres Charakteristikum, das Instrumentallehrer zueigen ist: Lehrer in allen anderen Erziehungsfeldern spezialisieren sich bereits in der Ausbildung auf bestimmte Altersgruppen bzw. Entwicklungsstufen (Kindergarten, Grundschule, Höhere Schulen, Sonderpädagogik ...). Instrumentallehrer dagegen werden von ihrer Ausbildung her nicht nach solchen Kategorien unterteilt – sie gelten befähigt für alle Altersgruppen und Leistungskategorien. Man muss aber fragen, ob wirklich alle Instrumentallehrer die Gabe und Flexibilität besitzen, in angemessener Weise auf allen Entwicklungs- und Leistungsebenen ihren Schülern gerecht zu werden. Zeigt dies nicht einmal mehr, dass im Instrumentalunterricht die Musik im Zentrum steht und nicht der Schüler?

Die gesamte hier dargelegte Argumentation erklärt, weshalb das Orff-Schulwerk und das Instrumentale Lehren und Lernen in einem delikaten, besser gesagt schwierigen Verhältnis stehen. Das Orff-Schulwerk kann aber seinen Platz in der instrumentalen Musikerziehung haben und dabei bereichernd wirken, wenn es die spieltechnischen Besonderheiten jedes Instrumentes berücksichtigt.

Dann kann das Orff-Schulwerk dazu beitragen, dass die Schüler befähigt werden, über den geschriebenen Notentext hinauszudenken und die Musik zu ihrer eigenen Musik werden zu lassen. Dann „spielen sie auch wirklich“, wenn sie ihr „Instrument spielen“.

Kapitel 11

Das Orff-Schulwerk heute

Über siebzig Jahre ist es nun her, dass das Orff-Schulwerk als Radioprogramm in Erscheinung trat und neue Wege einer aktiven und kreativen Musikerziehung aufzeigte. Es war sicherlich nur ein bescheidener Anfang, aber einer mit weitreichender Auswirkung. Heute werden die Ideen des Orff-Schulwerks an vielen Orten auf der ganzen Welt in die Praxis umgesetzt. Lehrer des Carl Orff-Instituts Salzburg haben in vielen Ländern Kurse gegeben, und viele der internationalen Absolventen sind in ihre Länder zurückgekehrt und haben Arbeitsgruppen in ihrem nationalen Bereich gebildet. Es gibt heute in über vierzig Ländern Orff-Schulwerk-Gesellschaften, die Kurse und Fortbildungswochenenden für Lehrer organisieren. Damit tragen sie dazu bei, dass die Ziele des Schulwerks in angemessener Form in die Praxis umgesetzt werden. Es ist wichtig, dass diese Fortbildungprogramme nicht nur die Prinzipien der pädagogischen Arbeit von Orff und Keetman berücksichtigen (siehe Kapitel 6), sondern auch der sozio-kulturellen Wirklichkeit ihres eigenen Landes Rechnung tragen, d. h. dass sie Lieder, Tänze, Erzählungen und Gedichte ihres eigenen kulturellen Erbes in ihr Programm aufnehmen. Eine große Zahl der Orff-Schulwerk-Gesellschaften steht in Kontakt mit der Carl-Orff-Stiftung,[14] die als rechtlicher Erbe Carl Orffs künstlerisches, pädagogisches und philosophisches Schaffen zu bewahren bemüht ist. Repräsentanten dieser Orff-Schulwerk-Gesellschaften treffen sich jährlich in Salzburg, um unter der Leitung des „Internationalen Orff-Schulwerk Forums Salzburg“ (IOSFS)[15] erzieherische und künstlerische Fragen bezüglich des Schulwerks zu behandeln. Dieses „Forum“ ist eine Plattform für Experten, die in enger örtlicher und professioneller Weise mit dem Carl Orff-Institut der Universität für Musik und Darstellende Kunst „Mozarteum“[16] in Salzburg in Kontakt steht. Das IOSFS ist eine Nachfolgeorganisation der „Zentralstelle für das Orff-Schulwerk“, die unter der persönlichen Leitung von Carl Orff im Jahr 1961 in Zusammenhang mit der Gründung des Carl Orff-Instituts eingerichtet wurde.

14 https://www.orff.de
15 https://www.orff-schulwerk-forum-salzburg.org
16 https://www.orff.moz.ac.at

Eine weitere wichtige Institution, die Orffs Namen trägt, ist das „Orff-Zentrum München".[17] Es ist ein Bayerisches Staatsinstitut, das als Ort der Forschung, Dokumentation und Information das reichhaltige künstlerische Material archiviert, verwaltet und damit für die Öffentlichkeit lebendig erhält.

Es ist nicht einfach zu sagen, welchen Platz das Orff-Schulwerk heute in der Musik- und Tanzerziehung einnimmt. Zu unterschiedlich ist die Situation von Land zu Land. Es gibt Orte auf der Welt, wo das Orff-Schulwerk noch immer die Aura des Neuen besitzt. Es gilt als modern, manchmal sogar als „trendy". Dort steht mitunter „Orff" synonym für zeitgemäße Musikpädagogik und findet wachsendes Interesse. Diese Entwicklung bedarf aber einer genauen Beobachtung, weil mit der großen Nachfrage oftmals eine starke Kommerzialisierung verbunden ist, die sich nicht immer mit Orffs und Keetmans zentralem Anliegen in Einklang bringen lässt.

Ganz anders ist die Situation in den Ländern, die schon sehr bald – in den frühen Fünfzigerjahren – mit dem Schulwerk in Berührung kamen. Dies gilt natürlich besonders für Deutschland selbst. In diesem Zusammenhang erinnere ich mich an eine Fachtagung in den 90er Jahren, zu der Experten aller in Deutschland unterrichteten musikpädagogischen Konzepte eingeladen waren.

Hermann Regner, der vormalige Direktor des Carl Orff-Instituts und damalige geschäftsführende Vorstand der Carl-Orff-Stiftung hatte mich gebeten, auf dieser Veranstaltung das Orff-Schulwerk zu repräsentieren. Als ich an der Reihe war, um meinen Bericht über das Schulwerk zu beginnen und mich vorstellte mit „Hartmann – Orff-Schulwerk...", kam vom Moderator der Veranstaltung der spontane Einwurf: „Orff-Schulwerk – gibts denn das noch immer!?"

Nun sei dahingestellt, ob diese Überraschung echt oder nur gespielt war, sie lädt doch zu gewissen Schlussfolgerungen ein:

a. Wenn der Name „Orff-Schulwerk" vor allem oder vielleicht sogar ausschließlich mit der anfänglichen Rundfunksendereihe und den fast zeitgleich erschienenen fünf Bänden „Orff-Schulwerk – Musik für Kinder" verbunden ist, dann kann man fast fünf Jahrzehnte später das Orff-Schulwerk tatsächlich als antiquiert, fast „historisch" einstufen.

b. Unter den Schulbüchern für den Musikunterricht in Grundschulen im deutschsprachigen Raum (Deutschland, Österreich und Teile der Schweiz) gibt es kaum eines, das nicht in manchen Themen kreative und bewegungsorientierte Ideen des Schulwerks einbezieht (oftmals ohne den namentlichen Bezug zum Original). So gesehen hat Carl Orff eigentlich sein Grundanliegen realisiert, dass die Kreativität in Form von Instrumentalspiel, Tanzen und Sprachgestaltung im Musikunterricht Eingang gefunden hat. Das Orff-Schulwerk hat sein Ziel erfüllt – und ausgedient...

17 https://www.ozm.bayern.de

Es ist leider nicht so einfach. Auch wenn das Orff-Schulwerk seinen Platz in manchem Lehrplan gefunden zu haben scheint, ist darauf zu achten, dass es nicht zu einem „Schulfach“ wird. Es gibt Schulnormen (Beispiel: die Benotung), die die Essenz des Schulwerks verwässern oder gar verschwinden lassen. Bereits 1963 warnte Carl Orff :

> „Die sog. Orff-Instrumente sind heute zwar in vielen Schulen verbreitet; es wäre aber irrig, daraus zu schließen, dass auch die Schulwerk-Arbeit schon ihren festen Platz in diesen Schulen gefunden hätte. Die Instrumente werden oft in völlig missverstandener Weise verwendet, wodurch mehr geschadet als genützt wird“ (Orff, 2011/1964, S. 155).

Orff-Schulwerk und die Schulrealität stehen zweifellos in einem gewissen Spannungsverhältnis. Auf der einen Seite steht die Forderung nach Kreativität seitens der Schüler, was einen gewissen Freiraum benötigt. Auf der anderen Seite gibt es festgefügte didaktische Forderungen mit unvermeidbaren Einschränkungen, die jede Arbeitssituation beeinflussen (festes Stundenplangerüst, verbindliche Bewertungs- und Benotungsnormen, festgelegte Lehrinhalte). Beide Seiten in ein funktionierendes und auch harmonisches Arbeitsverhältnis zu bringen, ist keine einfache Aufgabe. Die beiden Initiatoren des Schulwerks haben die Lösung dieser pädagogischen Herausforderung den Lehrern überlassen, die im Sinne des Orff-Schulwerks arbeiten möchten. Ob das Fehlen einer „offiziellen“ didaktischen Leitlinie seitens des Schulwerks als Schwäche des Konzepts gesehen werden muss oder als Vertrauen in die individuelle professionelle Kompetenz der mit dem Schulwerk arbeitenden Lehrer, kann jeder selbst beurteilen.

Das Orff-Schulwerk ist zwar „in die Jahre gekommen“, aber es ist nicht „alt geworden“. Die „Wurzeln“ spenden noch immer die notwendige Lebenskraft und lassen den „Orff-Schulwerk-Baum“ weiterwachsen und neue Triebe ausschlagen. Und wenn wir die grundlegenden Intentionen des Schulwerks gut verstehen und entsprechend in die Praxis umsetzen, dann ist das pädagogische Werk von Carl Orff und Gunild Keetman heute noch so erfrischend und aufregend wie am Tag seiner ersten Austrahlung im Radio.

Ergänzungen

In den vorausgehenden Kapiteln wurde an zahlreichen Stellen auf die Bedeutung von Improvisation und Komposition im Rahmen der Schulwerksarbeit Bezug genommen. Im Folgenden wird diese Thematik theoretisch etwas genauer unter die Lupe genommen, angereichert durch Beispiele und Erlebnisse aus der eigenen beruflichen Arbeit.

Es sind zwei Artikel, die in den Jahren 2010[18] und 2012[19] in den „Orff-Schulwerk Informationen" erschienen sind, der halbjährlich erscheinenden Veröffentlichung des Carl Orff Instituts der Universität für Musik und Darstellende Kunst „Mozarteum" Salzburg und des Internationalen Orff-Schulwerk Forums Salzburg.

---

18 Orff-Schulwerk Informationen 83 (Sommer 2010), S. 7–12.
19 Orff-Schulwerk Informationen 86 (Sommer 2012), S. 7–9.

Anhang I

Improvisation im Orff-Schulwerk Improvisation in der Schule

So ist das Schulwerk eine Sammlung von Modellen, die auf umgekehrtem Wege dahin führen wollen, woher sie gekommen sind, zur Improvisation...

Orff, 2002/1932/33, S. 192

In vielfältiger Weise hat das Orff-Schulwerk nach seiner „zweiten Geburt" als Sendereihe des Bayerischen Rundfunks die Musikerziehung bereichert, mitunter neu definiert, auch revolutioniert.

Da ist zum einen die Sammlung von Schlaginstrumenten zu nennen, die in der Form noch nie in den Schulen zu sehen waren und den Ausdrucksmöglichkeiten der Kinder eine völlig neue Dimension erschlossen. Dazu kam die Neupositionierung von Bewegung und Tanz in ihrem Verhältnis zur Musik, bis hin zur radikalen Forderung, gar nicht mehr zwischen beiden zu unterscheiden, sondern in dieser „Einsverbundenheit" (Orff, 2002/1932/33, S. 183) eine unteilbare Ausdrucksform zu sehen. Damit ging Orff weit über den von der Rhythmik gesteckten Rahmen eines Systems von Übungsfolgen hinaus, deren Aufgabe es vornehmlich war, dem Musikverständnis zu dienen.

Somit ist es auch nicht weiter verwunderlich, dass diese pädagogischen Konzeptionen der beiden Autoren Carl Orff und Gunild Keetman bald die Grenzen der ursprünglichen Zielgruppe, d. h. Lehrer des bayrischen Schulbereichs, überstieg und zunehmend an internationaler Bedeutung gewann. Aber die alles übertreffende Neuerung war eine mit der entdeckenden Handhabung des Instrumentariums und der Musik/Tanz-Einheit grundlegend verbundene Arbeits- und Gestaltungsweise: die Improvisation. Sie sollte im Musikunterricht eine zentrale Bedeutung erhalten.

Es ist fraglich, ob sich Carl Orff der Tragweite der Provokation bewusst war, Schule und Improvisation zu konfrontieren, oder besser, Schule und Improvisation nutzbringend zu verbinden, bevor die erste Sendung über den Äther ging? Immerhin lagen die Erfahrungen der Günther-Schule eine gehörige Zeit zurück, dazu waren diese Erfahrungen einer anderen Arbeitssituation entsprungen, nämlich der mit erwachsenen Studentinnen und Lehrern, die mit diesem Konzept innigst vertraut waren, bzw. in Kursen und Vorträgen mit Lehrern, die sich den Orff'schen Ideen auf der Suche nach alternativen Lehrformen näherten.

Im Jahre 1948 jedoch war die Situation anders: Da sollte diese Pädagogik Eingang in die allgemeine, öffentliche Grundschule finden. Zwar nicht zwingend vorgeschrieben, aber doch in einer Weise dargeboten, dass es sich hierbei nicht um eine Ausnahmesituation handelte. Und so ist es nicht verwunderlich, dass der Zugang zur Musik, den das Schulwerk bot, nicht nur Begeisterung hervorrief. Walter Panofsky, der ja den Anstoß zu dieser neuen Sendereihe gegeben hatte, berichtet über die Reaktionen einer kleinen Gruppe von Pädagogen, als man diese mit der im Sommer 1948 aufgenommenen ersten Sendung konfrontierte:

> „Es zeigte sich, dass Orffs pestalozzinaher Gedanke, durch Musik zur Musik zu führen und dabei die eigenschöpferischen Kräfte im Kinde vor allem durch Kinder und nicht durch die Autorität des Lehrers zu wecken, von den meisten Erziehern als revolutionär empfunden wurde. Während sich einige wenige an der Schulwerkidee begeisterten, hielt die Mehrzahl am überkommenen Prinzip der Verstandesbildung fest" (Panofsky, 1962, S. 71).

Nun hat sich glücklicherweise in den zurückliegenden sechzig Jahren eine grundlegende Änderung in der Einschätzung des Schulwerks ergeben, dennoch darf man behaupten, dass dieses Reizverhältnis von Improvisation und Schule auch heute noch existiert. Mir kommt dazu folgende Gesprächssituation in den Sinn, die sich vor einigen Jahren in einer meiner Veranstaltungen zur Instrumental- und Gesangspädagogik an der Musikuniversität Wien ereignete: Es ging dabei um die Bedeutung von Improvisation im Instrumentalunterricht. Noch bevor wir ins Detail gingen, wollte ich das persönliche Verhältnis der Studenten zur Improvisation erfragen. Im (rekonstruierten) Originaltext sagte eine Cellistin: „Improvisation? – Also, manchmal, wenn ich alleine zuhause bin und übe, dann spiele ich auch hin und wieder so vor mich hin. Aber das mache ich nur für mich..." Ein Kontrabassist aus der Jazzabteilung zeigte sich verwundert: „Musikmachen ohne Improvisation? Das kann ich mir überhaupt nicht vorstellen. Improvisation ist für mich das Tor zur Musik...", ein Flötist: „Ich finde super, wenn einer toll improvisiert, aber das muss man auch richtig lernen. Da bräuchte man auch einen Lehrer dafür..." Vielleicht auch deshalb, weil aus meiner Einleitung zu dieser Befragung eine durchaus positive Grundhaltung herauszuhören war, waren auch die Beiträge – zwar mitunter distanziert – aber doch überwiegend positiv. Eine Blockflötistin, ganz enthusiastisch: „Letztes Jahr war ich auf einem Kurs über Improvisation in England. Der Lehrer sagte: ‚Spielt einfach mal los!' Das war fantastisch!" Den Abschluss bildete eine Pianistin aus einem ehemaligen ‚Ostblockland'. Ihr kategorischer Beitrag: „In unserem Konservatorium war Improvisation verboten..." – Stille, Erstaunen, leichte Verwirrung, verhaltenes Lachen der übrigen. Aber vielleicht schwang auch ein innerliches Verständnis mit, denn schließlich ist Improvisation nicht nur reizvoll, sondern auch riskant und unberechenbar (der Begriff selbst sagt es ja). Improvisation hat eine Qualität, die wir auch aus anderen Bereichen des Lebens kennen: Faszination und Gefährlichkeit stehen oftmals eng beisammen. Improvisation impliziert das Unwägbare, bedeutet Freiheit und lässt das Ergebnis offen, entzieht es zumindest bis zu einem gewissen Maß der planenden Kontrolle. Kein Wunder, dass sich Improvisation schwer tut, im Bereich der Schule Fuß zu fassen.

Unter diesem Gesichtspunkt betrachtet, versteht man auch das Provokante, das vom Orff-Schulwerk ausging, als es einer breiten Lehrerschaft zugänglich gemacht wurde.

So musste es auch zu Missverständnissen kommen: Die Modelle des Orff-Schulwerks sehen auf dem Papier aus wie kleine Musikstücke, und sie klingen auch so. Keetman und Orff haben bei deren Niederschrift ihre Meisterschaft nicht verhehlt und daher ist auch der Reiz groß, diese Stücke einfach nachzuspielen. Dies ist nicht verwerflich, liegt es doch ganz genau auf der Schiene unseres konventionellen Musizierverständnisses, Kompositionen aufzuführen. Aber der zentrale Prozess des Orff-Schulwerks, eine eigene Musik zu kreieren, geht dabei natürlich verloren.

Auch mich reizte es hin und wieder, die Stücke „einfach zu spielen". Da ich im Unterricht mit meinen Schülern in einer Münchner „Orff-Schule" (eine vierte Klasse mit erweitertem Musikunterricht) Improvisation und kreativem Gestalten breiten Raum gab, sah ich es auch als legitim an, ab und zu ein Stück aus dem Schulwerk, wie geschrieben, einzustudieren. Daraus ergab sich einmal folgende Situation:

Wir hatten mit Frage- und Antwortspielen die Melodie des Stückes auf Seite 14 in Band II des Orff-Schulwerks (Orff & Keetman, 1950–1954) erarbeitet, als es daran ging, den begleitenden Ostinato dazuzuspielen. Plötzlich kam die Frage: „Warum machen wir nicht was Eigenes?" Ich versuchte eine Erklärung wie oben angedeutet: „Die Stücke in diesem Buch sind so schön, dass es sich lohnt, auch einige direkt zu übernehmen". Die Reaktion war gemischt, und daher entschieden wir uns nach einer kleinen Diskussion, in zwei Gruppen fortzufahren. Glücklicherweise hatten wir zwei Räume zur Verfügung und so blieb eine Gruppe (etwa die Hälfte) bei mir und die andere Gruppe konnte im Nebenraum eine eigene Weiterführung suchen. Am Ende der Unterrichtsstunde spielten wir uns unsere Ergebnisse gegenseitig vor. Wir vermieden geflissentlich, einen wertenden Vergleich zu ziehen und ließen beide Stücke nebeneinander stehen. Als es Wochen später daran ging, aus unserem „Repertoire" einen Elternabend zu gestalten, stellte sich wieder die Frage, welche der beiden Versionen wir spielen sollten. Kurze Diskussion mit dem Ergebnis: Beide.

Ich freute mich natürlich über das Selbstbewusstsein meiner Schüler, schließlich war es das Ergebnis eines Unterrichts, der diesen Freiraum zur Improvisation und freien Gestaltung geschaffen hatte. Aber andererseits kann ich auch nicht verleugnen, dass meine „Lehrerseele" diesen scheinbaren „Autoritätsverlust" für einen kurzen Moment verkraften musste.

Wenn Musikerziehung auch Erziehung durch Musik beinhaltet, so bietet gerade das Zulassen von Improvisation reichlich Material zur Erziehungsarbeit: Der Schüler darf erkennen, dass seine eigene Vorstellung gefragt ist, er darf entscheiden und erhält dadurch Freiheit, aber auch Verantwortung, und der Lehrer lernt, genau diese Freiheit zuzulassen und in diesem Tun Partnerschaftlichkeit zuzugestehen.

Improvisation muss, wenn sie im unterrichtlichen Rahmen eingesetzt wird, unter zwei unterschiedlichen Aspekten betrachtet werden: Da gibt es einerseits die künstlerische Funktion der Improvisation. Der Musiker stellt sich einer Thematik, legt sich eine Melodie oder/und eine Harmonie zugrunde und entwickelt seine Musik aus dem Moment heraus. Für den Musiker Orff war dies „ein wesentlicher Bestandteil seines künstlerischen Handwerks" (Kugler, 2000, S. 244). Andererseits hat Improvisation aber auch eine didaktische Funktion, wenn sie als methodisches Mittel verwendet wird. Fachunabhängig kann man Improvisation als eine Form des „entdeckenden Lernens" sehen, d. h. im aktiven Tun gewinnt der Schüler Erfahrungen, die sich danach reflektierend in Wissen umsetzen lassen. „Sound before Sight before Theory" würde es wohl von der E. Gordon-Pädagogik genannt werden (Bluestine, 2000, S. 36).

Der Lehrer steht also vor einer doppelten Schwierigkeit: Er muss einerseits Improvisation als didaktisch begründete Arbeitsweise zulassen, d. h. dem Schüler einen Freiraum zugestehen, was nur bei einem Führungsstil fern jeglicher autoritären Regung möglich ist. Andererseits setzt das Lehren von Improvisation auch musikalisch-fachliche Anleitung voraus, um sich nicht in Beliebigkeit und Indifferenz zu verlieren oder aber manipulativ direkt zu bereits vorgeplanten Ergebnissen zu führen.

Das Orff-Schulwerk braucht daher Lehrer, die einerseits selbst den Reiz des Improvisierens erfahren und daran Gefallen gefunden haben. Ein weiterer, wichtiger Schritt ist aber dann, diese Arbeitsweise sensibel und pädagogisch angemessen im Unterricht umzusetzen.

Welche Hilfen erfährt nun der Lehrer hierzu aus dem Schulwerk?

Wenn man den ersten Band aufschlägt, dann beginnt das kurze Vorwort mit dem nüchternen Satz: „‚Musik für Kinder' ist aus der Arbeit mit Kindern enstanden", um dann zu erklären, dass der Fünftonraum für das Kind geeignet ist, „am leichtesten zu eigener Ausdrucksmöglichkeit gelangen" (Orff & Keetmann, Bd. I, Vorwort). Hinweise auf eine entsprechende Arbeitsweise oder gar der Begriff ‚Improvisation' fehlen völlig. Lediglich im angehängten Kommentar zum zweiten Teil „Rhythmisch-melodische Übung" finden sich spärliche Hinweise zum improvisierenden Melodiebauen, zum Weiterführen und Ergänzen von Rhythmen.

Aus der Situation heraus, aus der diese fünf „Kernbände" des Schulwerks zusammengestellt und veröffentlicht wurden, war dieses Fehlen an näherer Information von den beiden Autoren Keetman und Orff kein Versäumnis. Schließlich handelte es sich für sie ja nur um eine Materialsammlung zu einem Schulfunkprogramm, das zu dieser Zeit ausgestrahlt wurde. Das heißt, die Bände enthielten Endprodukte eines Improvisations- und Gestaltungsprozesses, der in den einzelnen Sendungen näher erläutert wurde, nicht theoretisch erklärend, sondern mit Kindern in kleinen Szenen vorgezeigt. Für die Hörer der Sendung war das gedruckte Material verständlich und sie konnten es entsprechend den Vorstellungen von Orff und Keetman im Klassenzimmer einsetzen.

Was aber, wenn jemand diese Bände in die Hände bekam, ohne die Sendereihe gehört zu haben?

So wiederholte sich in den Anfangsjahren des Schulwerks etwas, was Hans Bergese schon 1937 in einem Brief an Carl Orff ausdrückte. Er beklagte sich darüber, dass die Musiklehrer nicht verstünden, „dass das Schulwerk eigentlich Anti-Druck ist, dass es eine Stilidee, eine Arbeitsweise ist, die man wohl lehren aber nicht beschreiben kann" (Kugler, 2002c, S. 115). Anti-Druck! – steckt nicht in dieser fast hilflosen Wortschöpfung die ganze Problematik, die sich daraus ergibt, dass man die pädagogische Konzeption des Orff-Schulwerks in unsere musikalische Schriftkultur einführen möchte, obwohl es sich gerade dieser schriftlichen Fixierung entzieht, vergleichbar mit der schriftlosen Praxis in der Ethnomusik und frühen europäischen Kunstmusik, wie Kugler im oben zitierten Artikel erklärend anfügt?

Die hier dargestellten Schwierigkeiten haben natürlich im Laufe der Zeit zu einer ganzen Reihe von Veröffentlichungen und Fortbildungsprogrammen geführt, um die dem Orff-Schulwerk entsprechende Arbeitsweise den Pädagogen verständlich zu machen:

- Bereits ab Herbst 1949 begann Gunild Keetman mit Kursen für Kinder am Mozarteum Salzburg, begleitet von Fortbildungsprogrammen für Lehrer, wobei hierbei auch dem tänzerischen Ausdruck die entsprechende Bedeutung zukommen konnte, die weder in der schriftlichen Darstellung noch im rein auditiven Medium Rundfunk möglich war. In direkter Linie zu diesen Fortbildungsprogrammen kann man schließlich die Einrichtung des Orff-Instituts sehen.
- Wilhelm Keller veröffentlichte 1954 seine *Einführung in „Musik für Kinder"*, die von ihm ergänzt und erweitert 1963 wieder aufgelegt wurde (Keller, 1963). Hier geschieht nun auch erstmal eine gewisse Didaktisierung, d. h. Inhalte werden in eine Reihenfolge gestellt und Arbeitszeiträume werden vorgeschlagen.[20] Hier finden sich auch erstmals konkretere Vorschläge, wie mit der Forderung nach Improvisation umgegangen werden sollte.
- Gunild Keetmans *Elementaria* mit ihren Kommentaren und Erläuterungen zum Umgang mit dem Orff Schulwerk erschien gar erst 1970 (Keetman, 1970).
- Eine genauere Analyse sowohl der Materialstruktur als auch der damit verbundenen Vorgangsweise bietet schließlich Michael Kugler in seiner vergleichenden Betrachtung der Methode Jaques-Dalcroze und des Orff-Schulwerks *Elementare Musikübung* (Kugler, 2000).

20 Ein unerlässlicher Vorgang, um Lehrern zu helfen, das Schulwerk in den schulischen Alltag zu übertragen (selbst wenn für Orff und vor allem für Werner Thomas die ‚Didaktik' in gefährlicher Nähe zur ‚Verschulung' gesehen wurde! Siehe dazu Thomas, 1985, S. 24ff.).

In diesem Artikel hier nun eine Zusammenschau all dieser Texte vorzunehmen, würde entweder den gegebenen Rahmen sprengen oder in der Verkürzung den einzelnen Texten nicht gerecht werden. Es soll hier vor allem auf die oben angeführten Schriften hingewiesen werden. Sie alle sind lesenswert, weil dort von verschiedenen Seiten aus eine Annäherung an die Bedeutung der Improvisation versucht wird.

Erläuterungen zur Bedeutung der Improvisation kommen natürlich auch bereits in den frühen Aufsätzen Carl Orffs (Kugler, 2002a, S. 183) zur Sprache, die in den Anfangsjahren des Orff-Schulwerks allerdings aufgrund der Nachkriegswirren nicht den Weg zu den potenziellen Anwendern gefunden hatten. Texte von Werner Thomas und Hermann Regner ergänzen das Bild.

Wie haben nun Carl Orff und Gunild Keetman die Improvisation, dieses „neue Pflänzchen", in die Schulwirklichkeit gebracht?

Hört man die allererste Schulfunksendung an,[21] die am 15. September 1948 erstmals ausgestrahlt wurde, so geht es dort nur um ein einführendes Kennenlernen: Kinder, Musikanten und deren so ungewöhnliche Instrumente werden vorgestellt. Lieder im Zweitonraum werden erarbeitet und von den noch sehr schüchternen Studiokindern gesungen. Aber am Ende bereits folgt die vielsagende Ankündigung des Moderators Rudolf Kirmeyer: „Kinder, heute brauchen wir die Musikanten noch, aber in Kürze werden wir schon selber spielen und Musik machen."

In der zweiten Sendung kommt der entscheidende Schritt: Nachdem die Kinder mit Liedern im Dreitonraum bekannt gemacht wurden („Ringel Ringel Reihe", „Lirum Larum Löffelstiel", „Hoppe Hoppe Reiter") darf Hans, ein Kind des Studiochores, zum Text „Alle Kinder singen mit!" selbst ans Glockenspiel kommen und mit den drei aufgelegten Klangplättchen eine eigene Sequenz suchen. Weitere Kinder folgen und improvisieren ihre Lösungen, wobei der Sprecher alle Vorschläge gutheißt bzw. behutsam rhythmisch verbessert. Er selbst regt sogar zu Folgen an, die von der „Backe, backe Kuchen"-Leiermelodik wegführen (Melodiebeginn mit a oder e im Dreitonraum e – g – a).

Im ersten Band des Orff-Schulwerks finden wir im Teil „Rhythmisch-melodische Übung" die schriftliche Entsprechung zu dieser Vorgangsweise: mit Hilfe von Sprechübungen und Rhythmen zum Vor- und Nachklatschen soll zuerst die Sicherheit in Rhythmus und Phrasenbildung geschaffen werden, die bei den nachfolgenden Anregungen zur Melodiegestaltung und zum Rhythmusergänzen von Nutzen sind.

Improvisation bedeutet die Freiheit, sich in einem ‚gegebenen Rahmen' zu bewegen; man improvisiert über ein Thema, sei es musikalisch oder außermusikalisch. „Einfach drauflosspielen", wie dies oben eine meiner Studentinnen ausgedrückt hatte, ist nur eine der Möglichkeiten, in gewissem Sinn die Ausnahme von der Regel. Die Sicherheit, die Spielregeln zu kennen, schafft erst die Ungezwungenheit, ohne die Improvisation ihren Sinn verliert. Das Orff-Schulwerk gibt diesen Rahmen durch

21 Archiv Bayerischer Rundfunk, München, bzw. Carl Orff-Zentrum München.

a) ein begrenztes und daher überschaubares Tonmaterial (das im Laufe der Zeit selbstverständlich erweitert wird), und
b) einfache rhythmische Bausteine und eine Viertaktphrasierung, wie sie unserer traditionellen okzidentalen Musik entspricht.

Für heutige Lehrer mag der Rahmen, der vom „Urtext" des Orff-Schulwerks vorgegeben wurde, als eng empfunden werden. Wir singen mit den Kindern der Musikalischen Früherziehung selbstverständlich auch vorwiegend tonal gebundene Lieder, aber das ‚Singende Erzählen' kann in völliger Freiheit geschehen und es werden experimentelle Klangformen einbezogen, die sich nicht in das Pentagramm einbinden lassen. Kinder dürfen somit frühzeitig erfahren, dass neben dem nachahmenden Lernen auch das eigene, freie Erfinden von Bedeutung ist. Der Rahmen, der damit heutigen Kindern gegeben wird, wird den einzelnen Aktivitäten entsprechend jeweils anders definiert werden. Daher ist es selbstverständlich, dass in einem Musikunterricht, der sich in der Tradition des Orff-Schulwerks sieht, auch die Arbeiten von Gertrud Meyer-Denkmann, Lilli Friedemann und George Self (um nur einige zu nennen) heutigentags eingebunden werden, ebenso wie die Erkenntnisse Edwin Gordons.

Doch diese Öffnung des Klangspektrums wurde nicht nur von außen eingefordert. Auch den Repräsentanten des Schulwerks selbst war klar, dass „die fünf Bände" nur Ausgangspunkt und Richtschnur sein konnten und der Entwicklung der zeitgenössischen Tonsprache mit entsprechenden Ergänzungen begegnet werden musste. Beispiele von Veröffentlichungen hierzu, speziell unter Berücksichtigung der Bedeutung von Improvisation, sind etwa Wilhelm Kellers Schall- und Sprachspiele in seiner Reihe *Ludi Musici* (Keller, 1973–1975), Ernst Wieblitz' Aufsätze (Wieblitz, 1978) und Hermann Regners *Chorstudien* (Regner, 1976). Die amerikanische Ausgabe des Orff-Schulwerks (Regner, 1977–1982) und die Reihe *Musik und Tanz für Kinder*, (Haselbach, Nykrin, Regner, 1996), die aus dem Geiste des Schulwerks heraus entstanden ist, sind weitere Belege, wie Orffs und Keetmans pädagogische Grundlagen ihrer zeitlichen und kulturellen Gegebenheit entsprechend aktualisiert werden müssen.

Das Orff-Schulwerk hat die Improvisation in die Schule gebracht, hat somit den Wert der Schülerentscheidung dem schultypischen Mechanismus von (Lehrer-)Frage und (Schüler-)Antwort und dem damit verbundenen kontrollierenden „Richtig-Falsch"-Prinzip entwunden. Der Handlungsrahmen des Schülers erweitert sich damit, nicht mehr nur das (erwartete richtige) Reagieren ist gefragt, sondern das freie Entscheiden der Kinder soll von Anfang an angebahnt und gefördert werden. Somit hat das Orff-Schulwerk nicht nur Impulse gegeben, die heute weltweit die Musikerziehung befruchten, vom Schulwerk ging gleichzeitig ein pädagogisches Signal aus, das weit über das Musikalische und das Musikerzieherische hinausreicht.

Anhang 2

„Musik erfinden“ – Grundsätzliche Überlegungen zum Komponieren mit Kindern

‚Improvisation‘ und ‚Komposition‘ erscheinen in Bezug auf den musikalischen Schaffensprozess wie zwei komplementäre Begriffe, zwei gegensätzliche Vorgangsweisen. Während sich erstere „ereignet“ und dabei Leichtigkeit, auch Flüchtigkeit und Unverbindlichkeit versprüht und den Vorgang des Musizierens selbst in das Zentrum stellt, verknüpfen wir das Komponieren mit sorgfältiger Planung und Konstruktion, geprägt vom Willen, etwas Beständiges zu schaffen, zumindest etwas, das eine Zeit über den reinen Musiziervorgang hinausreicht. Damit verbunden scheint intellektuelle Arbeit und Fachwissen und als Mittel der Sicherung die Verschriftlichung von Klang.

Nun könnte man diese Vorstellungen vom Komponieren als antiquiert abtun, schließlich haben moderne Technologien dem Vorgang der „Klangkreation“ völlig neue Dimensionen und Arbeitsmöglichkeiten erschlossen, um eine musikalische Gestalt darzustellen und aufzuführen. Partitur oder andere schriftliche Fixierungen als Koordinationsorgan werden dabei überflüssig. Aber wir sollten diesen Wandel nicht zu radikal sehen, denn – ob wir es gut finden oder nicht – noch immer wird unsere Musikpädagogik – und da vor allem die Instrumentalpädagogik – stärker vom Werkverständnis des 19. Jahrhunderts beeinflusst („Große Meister für kleine Hände“) als wir glauben. Selbstverständlich gibt es auch Instrumentalpädagogen, die das Verdienst haben, das Image des Komponisten und seiner außergewöhnlichen Tätigkeit aus dem Götterhimmel zur Erde gebracht zu haben. Peter Heilbut, der Kinder zum Komponieren angeleitet hat, soll stellvertretend für diese aufgeschlossenen Instrumentalpädagogen genannt werden.

Auch im Rahmen des Orff-Schulwerks war man von Anfang an um diese Bipolarität aus Improvisation und Komposition bemüht: Bereits in der ersten Sendereihe des „Orff'schen Schulwerks“, dessen Ausstrahlung im September 1948 im damaligen „Radio München“ begann, wurden den Kindern, neben den Spielformen zur Improvisation, auch Anregungen zum Gestalten und Niederschreiben eigener kleiner Kompositionen gegeben. Mag dahinter auch in erster Linie der didaktische Zweck der Verschriftlichung der eigenen, improvisatorisch-experimentell erfahrenen Musik gesehen worden sein, so wird dies eben auch dem Wunsch gerecht, mit dem Tonmaterial etwas zu schaffen, was über das spontane Musizieren hinausreicht und „Werkcharakter“ besitzt.

So ist es durchaus verständlich, dass in den Orff-Informationen das Komponieren der Kinder wiederholt thematisiert wurde. Auszugsweise seien Ernst Wieblitz' *Komponieren mit Selbstbauinstrumenten* in OI 40 (Dez. 1987) genannt, ebenso Ulrike Jungmairs *Komponieren wir etwas...* (Erfahrungen aus den Neigungsgruppen „Elementares Musizieren“) in OI 56 (Juni 1996) und Leonardo Riveiro Holgados *Vom Instrumentenbau zur elementaren Komposition – Prinzipien und Fundamente* in OI 77 (Sommer 2007). Ganz selbstverständlich wird dabei auch der vermeintliche Antagonismus zwischen Improvisation und Komposition aufgelöst, wenn Wieblitz die Notwendigkeit der Improvisation für die Komposition u. a. damit begründet, dass dadurch „der Brunnen der inneren Bilder und Vorstellungen gefüllt [wird], aus denen dann geschöpft und ausgewählt wird, wenn eine bestimmte Idee gestaltet werden soll“.

Um dem Wesen und der Bedeutung der Elementaren Komposition näher zu kommen, gilt es vorab, einige Fragen zu klären:

- Was bedeutet „Elementares Komponieren“?
- Was können und was wollen(!) Kinder eigentlich komponieren?
- Wie sieht die Hilfe aus, die Lehrer bei diesem Tun geben können, ohne den kreativen Prozess zu sehr zu dominieren?
- Welche musikalische „Sprache“ verwenden wir?

Was bedeutet „Elementares Komponieren“?

Es bietet sich an, hierzu Orff selbst zu befragen. Er beschreibt in seinem häufig zitierten Wort über Elementare Musik diese als

> „immer mit Bewegung, Tanz und Sprache verbunden, sie ist eine Musik, die man selbst tun muß, in die man nicht als Hörer, sondern als Mitspieler einbezogen ist. Sie ist vorgeistig, kennt keine große Form, keine Architektonik, sie bringt kleine Reihenformen, Ostinati und kleine Rondoformen. Elementare Musik ist erdnah, naturhaft, körperlich, für jeden erlernbar und erlebbar, dem Kind gemäß“(Orff, 2011/1964, S. 147).

Verstehen wir also hier Elementares Komponieren als ein Gestalten von Musik, das Kinder unter der behutsamen Anleitung eines Lehrers oder auch selbständig ausführen können. Beispiele aus den Schulwerkbänden oder ähnlichen Sammlungen können hierzu natürlich als Vorbild dienen.

Es sollte ein musikalisches Ergebnis sein, mit dem sich die Kinder identifizieren können, eine Musik, die sie verstehen und die sie als „ihre eigene Musik“ auffassen können. Dadurch wird auch das Einstudieren anders erlebt: Es wird zu einem Vertrautmachen und nicht zu einem formalen Vorgang des Auswendiglernens. Ob dann die Komposition durch Niederschrift, durch eine elektronische Aufzeichnung oder durch das Gedächtnis eine bleibende Qualität erhält, wird zur Nebensache.

Was können und was wollen(!) Kinder eigentlich komponieren?

Die Modelle des Orff-Schulwerks geben Beispiele, wie Kinder mit kleinen Reihen- und Rondoformen und Ostinati gestalten können, die führende Hand des Lehrers vorausgesetzt. So kann dann aus der „Musik für Kinder“ eine „Musik der Kinder“ werden. Neben diesen modellhaften Beispielen aus dem Orff-Schulwerk gibt es auch noch die Gestaltungsformen, die sich an grafischen Dartstellungen orientieren. Hierzu hat Wilhelm Keller mit seinen Bänden der *Ludi Musici* bahnbrechende Arbeit geleistet.

Abgesehen von diesen Möglichkeiten hat mich während meiner gesamten beruflichen Laufbahn die Frage bewegt, welche Musik Kinder eigentlich selber machen (im Sinne von Gestalten, nicht allein im Improvisieren). Es geht um ein Musikmachen, bei dem Erwachsene, d. h. Lehrer, überhaupt nicht eingreifen. Ich denke dabei an den Vergleich mit den Möglichkeiten, die Kinder im bildnerischen Gestalten haben. Auch da ist eine gestalterische Beschäftigung ohne fremde Mithilfe möglich. Können (und wollen) Kinder eine eigene Musk machen, die ohne Vorgaben ganz aus ihnen selbst kommt? Um dieser Frage nachzugehen, habe ich in meinen Kinderstunden in Abständen versucht – alleine oder zusammen mit hospitierenden Studenten – zu beobachten, was Kinder tun, wenn man sie mit den Instrumenten alleine lässt. D. h. es lagen im Raum die Instrumente und „die Stunde hatte noch nicht begonnen...“ Nach einer kurzen Experimentierphase, bei der die Kinder die Instrumente ausprobierten und auch tauschten (nicht immer konfliktfrei!), nahmen sie meist musikalischen Kontakt miteinander auf. Dann folgten interessante Gestaltungsvorschläge wie: „Ich spiele zuerst einmal hinauf“ [mit dem Xylofon], dann spielst du etwas [Triangel], und dann spiele ich wieder hinunter“. Dies wurde dann ausgeführt, wiederholt, u. U. Instrumente getauscht oder gewechselt, usw. Da wurden keine Terzgänge gesucht, da ging es nicht um „Schönklang“, sondern man fand meist Strukturen, die für alle verstehbar waren. Manchmal war es mir möglich, nach solchen Beobachtungsphasen zu den Kindern zu gehen und diese gewonnenen Formen in unsere Arbeit einzubauen oder gar daraus ein längeres Stück zu entwickeln.

Wenn man nach solchen Erlebnissen bei Orff nachliest, dann kommen einem die folgenden Sätze durchaus nicht idealistisch überhöht vor:

> „Die Musikanweisung beim Kind beginnt nicht in der Musikstunde, die Spielstunde ist der Ausgangspunkt. Man soll nicht an die Musik heranführen, die Musik soll sich einstellen. Das Wichtigste ist, das Kind aus sich selbst heraus spielen zu lassen und alles Störende fern zu halten...“ (Orff 2011/1932b, S. 69).

Ein besonders eindrucksvolles Beispiel, wie Kunst und Musik, verbunden durch einen programmatischen Ansatz, in der kindlichen Vorstellung zu einer gestalterischen Einheit verschmelzen können, ereignete sich in einer meiner Unterrichtsstunden. Es war in der Zeit, als ich an einer sogenannten *Orff-Modellschule* (Klassen mit erweitertem Musikunterricht) in München arbeitete. Den Kindern einer 4. Grundschulklasse war die Aufgabe gestellt, eine Grafik zu zeichnen und diese dann in Musik umzusetzen. Es sollten nur abstrakte Zeichen verwendet werden, keine realistischen Bildelemente. Eine Gruppe von vier Zehnjährigen entwarf ein Bild in der folgenden Form:

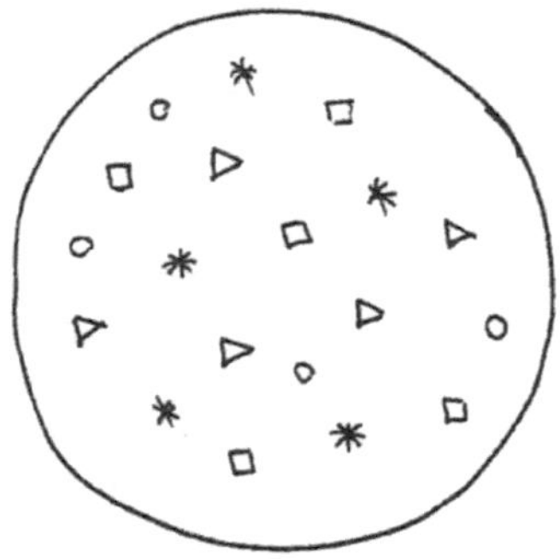

Die klangliche Realisierung erfolgte erst nach einer längeren Gesprächsphase und einer intensiven Probenarbeit: Über einem Ostinato mit majestätisch schwergewichtigen Schlägen auf einer großen Trommel (Kreis!) spielten zwei Glockenspiele und ein Altxylophon kurze, sich wiederholende melodische Motive. Nachdem die vier Spieler ihr Musikstück vorgestellt hatten, erklärten sie den Übrigen ihr Werk: „Der Kreis stellt eine mittelalterliche Stadt dar und die Trommelschläge sind die Türme. Diese beschützen die Kinder, die in der Stadt spielen...“ Obwohl die Musik in keiner Weise konventionellen Hörgewohnheiten entsprach, wollten die Zuhörenden das Stück mehrmals wiederholt haben. Offensichtlich sahen sie darin ihre eigene Lebenswelt verklanglicht: Die große Stadt, ihre eigenen Gefühle, der Wunsch nach Geborgenheit (Hartmann, 2000, S. 95).

Wie sieht die Hilfe aus, die Lehrer bei diesem Tun geben können, ohne den kreativen Prozess zu sehr zu dominieren?

Schon der vorausgehende Abschnitt hat hierzu Stellung bezogen. Beispielhaft und stellvetretend für andere Veröffentlichungen finden sich in Ulrike Jungmairs *Komponieren wir etwas...* (Erfahrungen aus den Neigungsgruppen „Elementares Musizieren“) in OI 56 (Juni 1996) unterrichtliche Vorgangsweisen, wie sich die Prozesse des kollektiven Komponierens mit Kindern steuern lassen. Behutsam werden hierbei Kinder zu ihrer Musik geführt. Es werden ihnen Optionen geboten, aus denen sie auswählen können.

Wichtig ist die innere Einstellung, ebenso die materialbezogene Vorbereitung des Lehrers. So wie Orff und Keetman im Schulwerk lediglich zeigen wollen, wie Ergebnisse sein könnten, so sollte auch der Lehrer im Kopf Konzepte bereit haben, aber nicht mit dem Vorsatz, diese unbedingt genau umzusetzen, denn dadurch würde aus dem Vorsatz der Kreativität eine rein manipulative Steuerung. Die Ideen des Lehrers sind so etwas wie eine „stille Reserve“, falls die Kinder Hilfe brauchen. Sollte dieser seine Vorschläge jedoch zu sehr bewerben, wären die Kinder sehr schnell bereit, ihre eigene Entscheidungs- und Führungsfunktion an den Lehrer abzugeben, sie sind es ja aus vielen anderen Unterrichtssituationen und anderen Fächern gewohnt... Es wird also sehr auf die Autokontrolle des Lehrers ankommen.

Welche musikalische „Sprache“ verwenden wir?

Bezüglich der Klangsprache, die für die Kreationen der Kinder zur Verfügung steht, gibt es – vereinfacht ausgedrückt – zwei unterschiedliche Formen:

Die traditionelle metrisch und skalenmäßig gebunde Musik oder das Spiel mit freien Klängen (inkl. Mischformen aus beiden).

Trotz aller Erweiterung der Klangmöglichkeiten in unserer Zeit ist die Tonsprache, die den festen Parametern der (chromatisch skalierten) Tonhöhe und einer pulsierenden Zeitstrukurierung unterliegt, auch heute noch der Standard. Dies gilt sowohl für die traditionelle „Kunstmusik“, ebenso für Volksmusik und Pop. Es ist somit verständlich und auch richtig, dass wir uns im schulischen Rahmen dieser traditionellen Ausdrucksmittel bedienen, auch wenn durch die Absolutheit der Parameter bei der Ausführung die Diskrepanz zwischen Wollen und Können, zwischen Absicht und Ergebnis, zwischen „richtig“ und „falsch“ klarer in Erscheinung tritt als dies bei freien Klängen der Fall ist. Dieses Spiel mit Klängen und freimetrischen Sequenzen, das sich an Programmen orientieren kann, an szenischen Abläufen oder grafischen Notationsformen, schafft somit einen nötigen Gegenpol. Obwohl hierbei mehr Freiheit geboten ist, können dabei selbstverständlich auch qualitative Unterschiede in der Ausführung wahrgenommen und gegebenfalls korrigiert werden. Allerdings gelten hierfür andere Kriterien als dies bei der rhythmisch und skalenmäßig gebundenen Musik der Fall ist.

Eines darf man wohl mit Sicherheit annehmen: Kinder, die selbst komponieren oder wenigstens aktiv in diesen Vorgang des „Musikerfindens“ eingebunden sind, werden auch die Musik, die andere geschaffen haben, bewusster und mit anderen Ohren hören.

Chronologie

Der folgende Zeitverlauf zeigt nur die Daten im Leben von Carl Orff und Gunild Keetman, die im direkten oder mittelbaren Zusammenhang mit der Entwicklung des Schulwerks stehen, ergänzt durch themenrelevante Informationen.

	Carl Orff		**Gunild Keetman**		**Weiteres**
1895	Carl Orff, geboren am 10. Juli in München				
				1902	E. Jaques-Dalcroze beginnt seine musikpädagogischen Reformideen in Kursen vorzustellen
		1904	Gunild Doris Keetman, geboren am 5. Juni in Wuppertal-Elberfeld		
1910	Erste Kompositionen für Stimme und Klavier			**1910 bis 1914**	E. Jaques-Dalcrozes „Bildungsanstalt Hellerau" in Dresden
1912 bis 1914	Studium an der ‚Akademie der Tonkunst', München				
				1914 bis 1918	Erster Weltkrieg
1924	Gründung der Günther-Schule, Schule für Rhythmus und Tanzbewegung	**1924 bis 1925**	Orientierende Studien für Kunst- und Musikgeschichte in Bonn und an der Sporthochschule in Berlin	**1925**	Grundlegung der wichtigsten Prinzipien des Kodály Konzepts
		1926 bis 1928	Studium an der Günther-Schule, Zusammentreffen mit Carl Orff, Dorothee Günther und Maja Lex		

		1928 bis 1944	Lehrerin an der Günther-Schule		
1931 bis 1934	Erste Veröffentlichung der Schulwerk-Edition: *Orff-Schulwerk, Elementare Musikübung*	**1931 bis 1934**	Erste Veröffentlichung der Schulwerk-Edition: *Orff-Schulwerk, Elementare Musikübung*		
1932	Zusammenarbeit mit Leo Kestenberg				
				1933	Hitler kommt an die Macht, Leo Kestenberg verlässt Deutschland
		1936	Kompositionen für die Eröffnung der 11. Olympischen Spiele in Berlin	**1935**	Z. Kódály und Jenó Ádám beginnen ihr musikpädagogisches Reformprojekt mit neuem Lehrplan und neuen Lehrtechniken
1937	Uraufführung der *Carmina Burana*, Frankfurt a. Main, 8. Juni				
				1938	C. E. Seashore, *Psychology of Music*
				1939 bis 1945	Zweiter Weltkrieg
1948	Erstübertragung der Sendereihe Orff-Schulwerk im Radio München (Bayerischer Rundfunk) am 15. September	**1948**	Erstübertragung der Sendereihe Orff-Schulwerk im Radio München (Bayerischer Rundfunk) am 15. September		
		1949	*Die Weihnachtsgeschichte* (Text Carl Orff), Orff-Schulwerk Kinderkurse an der Akademie Mozarteum Salzburg		
1950 bis 1954	Veröffentlichung der fünf Bände *Orff-Schulwerk – Musik für Kinder*	**1950 bis 1954**	Veröffentlichung der fünf Bände *Orff-Schulwerk – Musik für Kinder*		
		1957 bis 1958	Orff-Schulwerk-Programme im Fernsehen (mit Godela Orff)		

1961	Gründung des Orff-Instituts, Zentralstelle und Seminar, an der Akademie Mozarteum Salzburg	**1961 bis 1966**	Lehrerin und (gemeinsam mit Carl Orff und Wilhelm Keller) Leiterin des Orff-Instituts		
1963	Offizielle Eröffnung des neuen Gebäudes des Orff-Instituts in Salzburg	**1962 bis 1980**	Reisen (einige zusammen mit Carl Orff), um das Orff-Schulwerk international vorzustellen (Kanada, Japan, Belgien, Schweiz, Italien, Großbritannien, Senegal, Ägypten, Frankreich, Spanien, Dänemark, Israel)	**1965**	Edwin Gordon, *The Musical Aptitude Profile*
1982	Carl Orff stirbt am 29. März in München. Sein Grab befindet sich in einem Kapellenanbau der Klosterkirche von Andechs.				
		1990	Gunild Keetman stirbt am 14. Dezember in Breitbrunn, Chiemsee. Sie ist begraben in Prien am Chiemsee.		

… an der Realisierung des Schulwerks haben mitgewirkt:

(Personen aus dem Umfeld von Carl Orff und Gunild Keetman)

Die folgenden Informationen stellen die einzelnen Personen in Verbindung mit dem Orff-Schulwerk und wollen in keiner Weise ein umfassendes Bild der beruflichen Bedeutung der dargestellten Personen vermitteln. Es geht nur darum, knappe Hintergrundinformationen zu den wichtigsten Namen zu geben, die im Text erwähnt werden.

Becker-Ehmck, Klaus

Gründer von Studio 49. In dieser Instrumentenbaufirma begann im Jahr nach dem erfolgreichen Start der Schulfunksendereihe im Rundfunk die Entwicklung und Produktion der „Orff-Instrumente“ (kindgerechte Stabspiele und verschiedene kleine Perkussionsinstrumente).

Bergese, Hans

Musiker, Komponist; Assistent von Carl Orff an der Günther-Schule, später sein Stellvertreter. Er war Ko-Autor der ersten Schulwerk-Ausgaben von 1931 („Elementare Musikübung“).

Günther, Dorothee

Diplom als Lehrerin für Mensendieck-Gymnastik, vielseitig begabt mit Erfahrung als Malerin. Sie gründete 1924 in München die Günther-Schule („Ausbildungsstätte vom Bund für freie und angewandte Bewegung e.V.“).

Haselbach, Barbara

Tanzpädagogin, Schülerin von Harald Kreutzberg, Nachfolgerin von Hermann Regner in der Direktion des Orff-Instituts. Maßgebend für die Umstrukturierung und Optimierung des IOSFS (International Orff-Schulwerk Forum Salzburg) als Netzwerk zwischen den nationalen Orff-Schulwerk-Gesellschaften, den Schulen mit ausgeprägter Schulwerkpraxis und themenbezogenen Einrichtungen auf der ganzen Welt.

Keller, Wilhelm

Komponist, Musikpädagoge; Carl Orff lud im Jahre 1962 Wilhelm Keller ein, nach Salzburg (zurück-)zukommen, um ihn als Leiter der Orff-Schulwerk Zentralstelle und Seminar (was bald danach zum Orff-Institut wurde) abzulösen. Er sah es von Anfang an als eine wichtige Aufgabe, die Ideen des Schulwerks für Menschen mit besonderer Betreuung verfügbar zu machen.

Kestenberg, Leo

Pianist, Musikpädagoge und Kulturpolitiker; war seit 1918 im Preußischen Kultusministerium tätig als Direktor der Musikabteilung im Zentralinstitut für Erziehung und Unterricht. Er war beauftragt, eine Generalreform des staatlichen Bildungssystems durchzuführen, musste aber nach der Machtübernahme der Nationalsozialisten Deutschland verlassen. Er lebte in Tel Aviv und wurde zum ersten Ehrenvorsitzenden der ISME ernannt in Anerkennung seiner herausragenden Leistung in der Musikerziehung.

Maendler, Karl

Cembalobauer in München, er baute die ersten Xylophone für die Günther-Schule.

Murray, Margaret

Studium am Royal College of Music in London. Sie übersetzte und adaptierte die fünf Bände „Orff-Schulwerk – Musik für Kinder“. Neben vielen anderen Texten von Carl Orff übersetzte sie auch seine autobiographische achtbändige Dokumentation „Carl Orff und sein Werk“. Gründerin der „Orff Society“ in Großbritannien im Jahr 1964.

Orff, Gertrud (auch Willert-Orff, Gertrud)

Zweite Ehefrau von Carl Orff (1939–1953), Komponistin und mitarbeitend tätig bei der Entwicklung des Schulwerks. Sie war eine der ersten Musiktherapeuten im deutschsprachigen Raum und öffnete das Orff-Schulwerk für Kinder mit Sonderbetreuung, einschließlich autistischen Kindern. Ihre Vorträge und Veröffentlichungen brachten ihr internationale Anerkennung.

Orff, Godela

Tochter Carl Orffs aus erster Ehe (mit Alice Solscher), Schauspielerin; erste „Agnes Bernauer“ in Orffs Oper *Die Bernauerin* (1947); Präsentatorin von Orff-Schulwerkprogrammen („Musik für Kinder“) im Fernsehen des Bayerischen Rundfunks in München in Zusammenarbeit mit Gunild Keetman (1957 bis 1959).

Orff, Liselotte

Vierte Ehefrau und Witwe von Carl Orff (Heirat 1960); nach dem Tod Carl Orffs im Jahre 1982 wurde sie die erste Präsidentin der Carl Orff-Stiftung, eine Funktion, die sie 24 Jahre innehatte.

Panofsky, Walter

Musikjournalist und Mitarbeiter des Bayerischen Rundfunks. Er fand eine Schallplatte mit Kompositionen von Orff und Keetman (vermutlich produziert für die Vorbereitung der Präsentation bei der Eröffnung der Olympischen Spiele von 1936 in Berlin). Er gab diese der Leiterin der Schulfunkabteilung (Annemarie Schambeck) mit dem Vorschlag, Carl Orff zur Produktion einer Schulfunkreihe einzuladen.

Preussner, Eberhard

Musikpädagoge, Mitarbeiter von Leo Kestenberg in dessen Team an der „Zentralstelle für Erziehung und Unterricht“ in Berlin. Er initiierte das Zusammentreffen von Carl Orff und Leo Kestenberg im Jahr 1932 (Gespräch über die Möglichkeiten, das Schulwerk in den staatlichen Lehrplan zu übernehmen). Später wurde er Professor an der Akademie für Musik und Darstellende Kunst „Mozarteum“ in Salzburg (ab 1959 Direktor). Er ermöglichte ab Herbst 1949 die Einrichtung von Kinderklassen am Mozarteum unter der Leitung von Gunild Keetman. Dank seines Interesses und Engagments konnte das Orff-Institut sein eigenes Gebäude neben dem Schloss Frohnburg erhalten. Seine Eröffnung erfolgte am 25. Oktober 1963.

Regner, Hermann

Komponist, Musikwissenschaftler und Musikpädagoge; er folgte Wilhelm Keller nach als Leiter des Orff-Instituts. Er bemühte sich sehr um das internationale Bekanntwerden des Orff-Instituts, zum anderen hielt er eine enge Verbindung zum Bayerischen Rundfunk, wo im Jahre 1948 das Schulwerk auf Sendung ging. Er schrieb und produzierte eine große Zahl von Programmen für Rundfunk und Fernsehen.

Ronnefeld, Minna

Pianistin, Musikpädagogin, Verfasserin von Radioprogrammen in Österreich und Dänemark; Assistentin und später Nachfolgerin von Gunild Ketman für den Unterricht des Schulwerks am Mozarteum.

Sachs, Curt

Musikwissenschaftler, einer der herausragenden Wissenschaftler bezüglich der Beschreibung und Klassifizierung von Musikinstrumenten. In der Zeit der Zusammenarbeit mit Carl Orff war er Leiter der Staatlichen Musikinstrumentensammlung in Berlin. Nach der Machtübernahme der Nationalsozialisten musste er Deutschland verlassen.

Schambeck, Annemarie

Ab 1945 Mitarbeiterin im Bayerischen Rundfunk (in den ersten Nachkriegsjahren „Radio München" genannt). Im Jahr 1947 wurde sie beauftragt, eine Abteilung für (Schul-)Bildung aufzubauen und zu leiten. Mit Hilfe von Walter Panofsky lud sie Carl Orff ein, ein Programm zu entwerfen, das die zuhörenden Kinder aktiv teilnehmen ließ.

Strecker, Ludwig und Willy

Musikverleger, Söhne von Ludwig Strecker sen., Eigentümer des Verlagshauses *B. Schott's Söhne* (heute SCHOTT MUSIC INTERNATIONAL). Sie leiteten den Verlag nach dem Tod ihres Vaters ab 1943. Enge freundschaftliche Beziehung zu Carl Orff.

Thomas, Werner

Musikwissenschaftler und klassischer Philologe, Kommentator von Carl Orffs Werk, vor allem Freund und Berater; beteiligt an der Vollendung der achtbändigen Dokumentation *Carl Orff und sein Werk*.

Wigman, Mary

Tänzerin; nach Studien mit Jaques-Dalcroze in Dresden entwickelte sie ihren eigenen Tanzstil, der als „New German Dance" bekannt wurde. 1920 gründete sie ihre eigene „Wigman-Schule". Charakteristisch für ihre Aufführungen war die besondere Weise, wie sie den Tanz mit einer reichen Auswahl an Trommeln, Perkussionsinstrumenten und Blockflöten verband. Berühmt wurde ihr „Hexentanz", eine der Inspirationsquellen, die Carl Orff halfen, seine Elementare Musik zu entwickeln.

Literatur

Bluestine, E. (2000). *The Ways Children Learn Music, an Introduction and Practical Guide to Music Learning Theory*. Chicago: GIA Publications.

Brunnhuber, P. (1971). *Prinzipien einer effektiven Unterrichtsgestaltung*. Donauwörth: Auer.

Gordon Institute for Music Learning (2021). *About Music Learning Theory*. https://giml.org/mlt/about

Günther, D. (2011/1932). Der rhythmische Mensch und seine Erziehung. In: B. Haselbach (Hrsg.) (2011): *Studientexte zu Theorie und Praxis des Orff-Schulwerks. Basistexte aus den Jahren 1932–2010*. Mainz: Schott, S. 79–94.

Harding, J. (2013). *From Wibbleton to Wobbleton*. San Francisco: Pentatonic Press.

Hartmann, W. (1984). „…dürfen wir heute wieder etwas erfinden?" Kreative Möglichkeiten im Musikunterricht. In: *Musik und Bildung* 12 (1984), S. 803–805.

— (2000). Creative Playgrounds-Music by Children. In: A. de Quadros (Hrsg.): *Many Seeds, Different Flowers – The Music Education Legacy of Carl Orff*. Perth: The University of Western Australia, CIRCME, S. 94–99.

— [in Zusammenarbeit mit B. Haselbach]. (2019) . The Principles of Orff-Schulwerk (V. Maschat, Übers.) In: *The Orff Echo*, Vierteljahresheft der Amercian Orff-Schulwerk Association (AOSA), Fall 2019, S. 8–12.

Haselbach, B. (Hrsg.) (2011). *Studientexte zu Theorie und Praxis des Orff-Schulwerks. Basistexte aus den Jahren 1932–2010*. Mainz: Schott.

Haselbach, B., Nykrin, R., & Regner, H. (Hrsg.) (1996). *Musik und Tanz für Kinder*. Mainz: Schott.

Jans, H. J. (Hrsg.) (1996). *Welttheater: Carl Orff und sein Bühnenwerk. Texte von Carl Orff aus der „Dokumentation"*. Tutzing: Hans Schneider.

Jungmair, U. (1992). *Das Elementare – Zur Musik- und Bewegungserziehung im Sinne Carl Orffs*. Mainz: Schott.

— (1996). Komponieren wir etwas. In: *Orff-Schulwerk Informationen 56*, S. 17–25.

Kallós, C. (Hrsg.). (2004). Musik von Gunild Keetman. DVD in H. Regner & M. Ronnefeld (Hrsg.): *Gunild Keetman. Ein Leben für Musik und Bewegung*. Mainz: Schott

Kater, M. (1995). Carl Orff im Dritten Reich. In: *Vierteljahreshefte für Zeitgeschichte 43(I)*, S. 1–36.

Keetman, G. (1970). *Elementaria – Erster Umgang mit dem Orff-Schulwerk*. Stuttgart: Klett.

— (2011/1978) Erinnerung an die Günther-Schule. In: Haselbach, B. (Hrsg.) (2011): *Studientexte zu Theorie und Praxis des Orff-Schulwerks. Basistexte aus den Jahren 1932–2010.* Mainz: Schott, S. 45–65.

Keller, W. (1954/1963). *Einführung in „Musik für Kinder".* Mainz: Schott.

— (o.J. und 1973–1975). *Ludi Musici – Schall- undSprachspiele, Spiellieder, miniSPECTACULA.* Boppard, Salzburg: Fidula.

Kugler, M. (2000). *Die Methode Jaques-Dalcroze und das Orff-Schulwerk „Elementare Musikübung". Bewegungsorientierte Konzeptionen der Musikpädagogik.* Frankfurt am Main: Peter Lang.

— (Hrsg.) (2002a). *Elementarer Tanz – Elementare Musik. Die Günther-Schule München 1924 bis 1944.* Mainz: Schott.

— (2002b). Der Weg zum Elementaren Tanz und zur Elementaren Musik. In: Ders. (Hrsg). (2002): *Elementarer Tanz – Elementare Musik. Die Günther-Schule München 1924 bis 1944.* Mainz: Schott, S. 11–26.

— (2002c). Hans Bergese. In: Ders. (Hrsg). (2002): *Elementarer Tanz – Elementare Musik. Die Günther-Schule München 1924 bis 1944.* Mainz: Schott, S. 109–120.

— (2011). Einleitung. In: Haselbach, B. (Hrsg.) (2011): *Studientexte zu Theorie und Praxis des Orff-Schulwerks. Basistexte aus den Jahren 1932–2010.* Mainz: Schott, S. 15–43.

Maier, H. (1995). *Carl Orff in seiner Zeit, Rede anlässlich Carl Orffs 100. Geburtstag München, Prinzregententheater, 7. Juli 1995.* Mainz: Schott.

Maschat, V. (2004). Gunild und wir Kinder. In: H. Regner & M. Ronnefeld (Hrsg.) (2004): *Gunild Keetman. Ein Leben für Musik und Bewegung.* Mainz: Schott, S. 73–77.

O'Hehir, M. M. (2020). Review of Elementaria by G. Keetman. In: *The Orff Echo,* Vierteljahresheft der Amercian Orff-Schulwerk Association (AOSA), Winter 2020, S. 59–60.

Orff, C. (1934a). *Klavierübung, kleines Spielbuch.* Mainz: Schott

— (1934b). *Geigenübung I + II.* Mainz: Schott

— (1975–1984). *Carl Orff und sein Werk. Dokumentation.* 7 Bände. Tutzing: Hans Schneider.

— (1975a). *Carl Orff und sein Werk. Dokumentation; Bd. 1: Erinnerung.* Tutzing: Hans Schneider.

— (1975b). *Carl Orff und sein Werk. Dokumentation; Bd. 2: Lehrjahre bei den alten Meistern.* Tutzing: Hans Schneider.

— (1976) *Carl Orff und sein Werk. Dokumentation; Bd. 3: Das Schulwerk.* Tutzing: Hans Schneider.

— (2002/1932/33). Elementare Musikübung, Improvisation und Laienschulung. In: M. Kugler (Hrsg) (2002): *Elementarer Tanz – Elementare Musik. Die Günther-Schule München 1924 bis 1944.* Mainz: Schott, S. 183–192.

— (2011/1932a). Musik aus der Bewegung. In: Haselbach, B. (Hrsg.) (2011): *Studientexte zu Theorie und Praxis des Orff-Schulwerks. Basistexte aus den Jahren 1932–2010.* Mainz: Schott, S. 95–103.

— (2011/1932b). Gedanken über Musik mit Kindern und Laien. In: Haselbach, B. (Hrsg.) (2011): *Studientexte zu Theorie und Praxis des Orff-Schulwerks. Basistexte aus den Jahren 1932–2010.* Mainz: Schott, S. 67–78.

— (2011/1964). Das Schulwerk – Rückblick und Ausblick. Gedanken über Musik mit Kindern und Laien. In: Haselbach, B. (Hrsg.) (2011): *Studientexte zu Theorie und Praxis des Orff-Schulwerks. Basistexte aus den Jahren 1932–2010.* Mainz: Schott, S. 135–160.

Orff, C. & Keetman, G. (1950–1954). *Orff-Schulwerk – Musik für Kinder (5 Bände).* Mainz: Schott.

— (1957–1966). *Orff-Schulwerk, Music for Children* (Vols. 1–5) (Englische Adaption von M. Murray). London: Schott.

Panofsky, W. (1962). Orff-Schulwerk im Radio. In: *ORFF-INSTITUT Jahrbuch 1962*, S. 70–73.

Quantz, J. J. (1752). *Versuch einer Anweisung die Flöte traversiere zu spielen.* Nachdruck 1983. Kassel: Bärenreiter.

Regner, H. (1976). *Chorstudien.* Mainz: Schott.

— (Hrsg.). (1977–1982). *Music for Children, Orff-Schulwerk – American Edition.* New York: Schott Music Corp.

— (1994). *Carl Orff und das Dritte Reich.* Redemanuskript im Orff Zentrum München.

— (2011/1975). Carl Orffs pädagogische Ideen – Utopie und Wirklichkeit. In: Haselbach, B. (Hrsg.) (2011): *Studientexte zu Theorie und Praxis des Orff-Schulwerks. Basistexte aus den Jahren 1932–2010.* Mainz: Schott, S. 169–195 (durch die Herausgeberin leicht gekürzte Version eines Originalmanuskriptes von 1975).

— (2011/1984). „Musik für Kinder – Music for Children – Musique pour Enfants". Anmerkungen zur Rezeption und Adaption des Orff-Schulwerks in anderen Ländern. In: Haselbach, B. (Hrsg.) (2011): *Studientexte zu Theorie und Praxis des Orff-Schulwerks. Basistexte aus den Jahren 1932–2010.* Mainz: Schott, S. 221–247.

Regner, H. & Ronnefeld, M. (Hrsg.) (2004). *Gunild Keetman 1904–1990. Ein Leben für Musik und Bewegung.* Mainz: Schott.

Riveiro Holgado, L. (2007). Vom Instrumentenbau zur elementaren Komposition – Prinzipien und Fundamente. In *Orff-Schulwerk Informationen* 77, S. 18.

Ronnefeld, M. (2002). Gunild Keetman – Pädagogin und Komponistin. In: M. Kugler (Hrsg.) (2002): *Elementarer Tanz – Elementare Musik. Die Günther-Schule München 1924 bis 1944.* Mainz: Schott, S. 95–108.

— (2004a). In der Werkstatt mit Gunild Keetman. In: H. Regner & M. Ronnefeld (Hrsg.) (2004): *Gunild Keetman 1904–1990. Ein Leben für Musik und Bewegung.* Mainz: Schott, S. 179–183.

— (2004b). Bruchstücke eines Lebens. In: H. Regner & M. Ronnefeld (Hrsg.) (2004): *Gunild Keetman 1904–1990. Ein Leben für Musik und Bewegung.* Mainz: Schott, S. 15–49.

Rösch, T. (2009). *Carl Orff – Musik zu Shakespeares Ein Sommernachtstraum. Entstehung und Deutung.* München: Orff-Zentrum.

Seashore, C. E. (1967/1938). *Psychology of music.* New York: Dover Publications.

Stewart, C. (1996). President's Message. In: *The Orff Echo 28.* Vierteljahresheft der American Orff-Schulwerk Association (AOSA), Spring 1996, S. 5–7.

Thomas, W. (1985). In entwurzelter Zeit hat das Verwurzelte Stoßkraft: Das Orff-Schulwerk gestern, heute und morgen. In: H. Regner (Hrsg.) (1986): *Symposion 1985: Orff-Schulwerk in der Welt von Morgen.* Salzburg: Orff-Institut, S. 24–27.

— (1986). *Carl Orff* (Jahresgabe der Orff-Schulwerk Gesellschaft in der Bundesrepublik Deutschland 1986). Berlin: Propyläen.

— (1990). *Das Rad der Fortuna.* Mainz: Schott.

— (2004/1991). Nachruf auf Gunild Keetman. In: H. Regner & M. Ronnefeld (Hrsg.) (2004): *Gunild Keetman. Ein Leben für Musik und Bewegung.* Mainz: Schott, S. 155–161.

— (1995). *Ein anderer Carl Orff im Dritten Reich. Eine Replik auf Michael H. Katers Studie „Carl Orff im Dritten Reich“.* Redemanuskript im Orff-Zentrum München.

Widmer, M. (2011). *Die Pädagogik des Orff-Instituts.* Mainz: Schott.

Wieblitz, E. (1978). Schallerzeugung im Anfang, Instrumente erfinden–bauen–spielen, Improvisation als Prinzip im Unterricht. In: L. Auerbach, H. W. Köneke & W. Stumme (Hrsg.) (1978): *Musikalische Grundausbildung in der Musikschule, Lehrerhandbuch, Teil 1.* Mainz: Schott, S. 48–59.

— (1987). Komponieren mit Selbstbauinstrumenten. In: *Orff-Schulwerk Informationen* 40, S. 26–32.

Willnauer, F. (1996). Astutuli. In: H. J. Jans (Hrsg.) (1996): *Welttheater: Carl Orff und sein Bühnenwerk. Texte von Carl Orff aus der „Dokumentation“.* Tutzing: Hans Schneider, S. 185–187.

Woodford, P. G. (1996). Evaluating Edwin Gordon's Music Learning Theory from a Critical Thinking Perspective. In: *Philosophy of Music Education Review 4(2),* S. 83–95.

Abbildungsnachweise

Abb. 1: © Peter Keetman Nachlass, Stiftung F. C. Gundlach, Hamburg

Abb. 2: Carl-Orff-Stiftung/Archiv: Orff-Zentrum München

Abb. 3: Sammlung Liselotte Orff; Carl-Orff-Stiftung/Archiv: Orff-Zentrum München

Abb. 4: Carl-Orff-Stiftung/Archiv: Orff-Zentrum München

Abb. 5: © Hannelore Gassner

Abb. 6: © Hannelore Gassner

Abb. 7: links: © Pentatonic Press San Francisco / rechts: Public domain, via Wikimedia Commons